I0566910

BESTACTIVITYBOOKS.COM

PREMIERE ÉDITION

Dépôt légal, 2022

Illustration Graphique Extra: www.freepik.com
Merci à Alekksall, Starline, Pch.vector, Rawpixel.com, Vectorpocket, Dgim-studio, Upklyak, Macrovector, Stockgiu, Pikisuperstar & Freepik.com Designers

5 ASTUCES POUR DÉMARRER !

1) COMMENT RÉSOUDRE LES MOTS MÊLÉS

Les puzzles sont dans un format classique :

- Les mots sont cachés sans espaces, tirets, ...
- Orientation : Les mots peuvent être écrits en avant, en arrière, vers le haut, vers le bas ou en diagonale (ils peuvent être inversés).
- Les mots peuvent se chevaucher ou se croiser.

2) UN APPRENTISSAGE ACTIF

Un espace est prévu à côté de chaque mots pour noter la traduction. Pour favoriser un apprentissage actif un **DICTIONNAIRE** à la fin de cette édition vous permettra de vérifier et étendre vos connaissances. Cherchez et notez les traductions, trouvez-les dans le Puzzle et ajoutez-les à votre vocabulaire !

3) MARQUEZ LES MOTS

Vous pouvez inventer votre propre système de marquage. Peut-être en utilisez-vous déjà un ? Sinon, vous pourriez, par exemple, marquer les mots qui ont été difficiles à trouver d'une croix, ceux que vous avez aimés d'une étoile, les mots nouveaux d'un triangle, les mots rares d'un diamant, etc...

4) STRUCTUREZ VOTRE APPRENTISSAGE

Cette édition vous offre un **CARNET DE NOTES** très pratique à la fin du livre. En vacances ou en voyage ou à la maison, vous pouvez facilement organiser vos nouvelles connaissances sans avoir besoin d'un second bloc-notes !

5) VOUS AVEZ FINI TOUTES LES GRILLES ?

Allez à la section bonus **CHALLENGE FINAL** pour trouver un jeu gratuit à la fin de cette édition !

Simple et Rapide ! Découvrez notre collection de livres d'activités pour votre prochain moment de détente et **d'apprentissage**, à juste un clic de distance !

Trouvez votre prochain défi sur :

BestActivityBooks.com/MonProchainLivre

À vos marques, prêts... Partez !

Saviez-vous qu'il existe environ 7 000 langues différentes dans le monde ? Les mots sont précieux.

Nous aimons les langues et avons travaillé dur pour créer les livres de la plus haute qualité pour vous. Nos ingrédients ?

Une sélection des thématiques d'apprentissage adaptée, trois belles parts de divertissement, puis nous ajoutons une cuillère de mots difficiles et une pincée de mots rares. Nous les servons avec soin et un maximum de plaisir pour vous permettre de résoudre les meilleurs jeux de mots mêlés qui soient et d'apprendre en vous amusant !

Votre avis est essentiel. Vous pouvez participer activement au succès de ce livre en nous laissant un commentaire. Nous aimerions vraiment savoir ce que vous avez préféré dans cette édition !

Voici un lien rapide qui vous mènera à la page d'évaluation de vos commandes :

BestBooksActivity.com/Avis50

Merci pour votre aide et amusez-vous bien !

De la part de toute l'équipe

1 - Adjectifs #2

G	L	D	E	L	E	G	A	N	T	N	Ý	D	U	S
S	A	H	I	J	K	R	E	A	T	Í	V	N	Y	L
L	Y	C	O	V	M	O	C	N	Ý	V	O	N	Z	A
Ý	D	R	H	E	O	R	Z	U	U	E	D	K	C	N
N	Y	N	V	Í	T	K	U	D	O	R	P	Z	X	Ý
A	M	Y	N	E	P	H	Ý	N	S	I	P	O	P	N
D	R	A	M	A	T	I	C	K	Ý	N	L	I	S	E
A	U	T	E	N	T	I	C	K	Ý	T	E	Y	M	Z
N	R	S	F	S	M	R	F	V	S	M	S	A	T	D
Z	A	M	V	S	L	V	F	G	U	G	M	I	F	O
S	L	Z	J	Y	V	Á	R	L	C	Y	U	P	Č	R
X	J	R	N	C	T	T	V	X	H	V	T	U	I	I
I	Y	W	G	G	V	T	D	N	Ý	P	M	L	E	R
Z	K	T	Z	D	R	A	V	Ý	Y	U	E	P	J	P
Z	O	D	P	O	V	E	D	N	Ý	F	H	A	L	L

AUTENTICKÝ
SLÁVNY
KREATÍVNY
POPISNÝ
NADANÝ
DRAMATICKÝ
ELEGANTNÝ
HRDÝ
SILNÝ
PRIRODZENÝ
NOVÝ
PRODUKTÍVNY
MOCNÝ
ČISTÝ
ZODPOVEDNÝ
ZDRAVÝ
SLANÝ
DIVOKÝ
SUCHÝ

2 - Formes

E	N	S	K	T	G	O	N	R	Y	O	K	E	X	T
U	G	F	E	R	X	R	E	U	A	B	U	E	Y	R
K	P	É	W	O	U	S	A	H	M	D	Ž	L	V	O
N	P	R	W	E	M	H	W	O	J	Ĺ	E	I	V	J
O	X	A	W	A	K	V	I	R	K	Ž	Ľ	P	Y	U
H	R	A	N	O	L	O	W	J	E	N	P	S	N	H
C	U	Y	R	Ú	T	A	C	O	K	I	Y	A	Z	O
S	T	R	A	N	A	C	N	K	Y	K	R	E	W	L
V	A	L	E	C	P	Y	L	J	A	Z	A	C	G	N
X	B	H	E	F	C	E	I	T	S	E	M	Á	N	Í
O	K	R	A	J	E	V	H	L	Y	H	Í	R	K	K
O	G	N	F	L	I	N	K	A	F	Z	D	M	W	S
P	V	H	Y	P	E	R	B	O	L	A	A	D	E	T
F	F	Á	M	N	O	H	O	U	H	O	L	N	Í	K
P	Y	C	L	K	J	C	O	B	L	Ú	K	X	M	C

OBLÚK
OKRAJE
NÁMESTIE
KRUH
RÚT
KRIVKA
KUŽEĽ
STRANA
KOCKA
VALEC
ELIPSA
HYPERBOLA
LINKA
OVÁL
MNOHOUHOLNÍK
HRANOL
PYRAMÍDA
OBDĹŽNIK
SFÉRA
TROJUHOLNÍK

3 - Force et Gravité

U	O	O	L	F	O	M	T	O	F	K	M	G	G	B
F	N	T	B	Y	H	O	P	R	Y	O	A	U	I	T
N	H	I	L	J	P	B	P	B	Z	S	G	W	L	A
C	K	X	V	A	A	K	F	I	I	A	N	E	I	Z
F	Ť	I	Y	E	K	V	V	T	K	T	E	S	R	A
P	S	T	L	I	R	O	K	A	A	M	T	P	R	Y
Ý	O	S	P	N	N	Z	J	V	R	F	I	G	Ý	E
K	N	O	V	E	O	X	Á	X	A	M	Z	D	C	X
C	E	N	T	R	U	M	Z	L	K	O	M	V	H	U
I	L	T	P	T	Z	F	G	I	N	K	U	B	L	P
M	A	S	L	D	M	W	T	O	Z	Y	S	O	O	J
A	I	A	A	H	M	O	T	N	O	S	Ť	L	S	R
N	D	L	N	M	E	C	H	A	N	I	K	A	Ť	P
Y	Z	V	É	E	X	P	A	N	Z	I	A	J	W	C
D	V	W	T	G	U	X	E	Č	A	S	E	L	L	H

OS
CENTRUM
OBJAV
VZDIALENOSŤ
DYNAMICKÝ
EXPANZIA
TRENIE
VPLYV
MAGNETIZMUS
MECHANIKA
POHYB
ORBITA
FYZIKA
PLANÉT
HMOTNOSŤ
TLAK
VLASTNOSTI
ČAS
UNIVERZÁLNY
RÝCHLOSŤ

4 - Adjectifs #1

P	Ť	X	M	L	A	D	Ý	O	X	E	Y	A	A	I
U	O	A	Y	M	M	I	N	K	Y	N	N	B	R	R
K	F	M	Ž	Y	A	V	N	I	N	I	V	S	O	A
H	T	O	A	K	M	B	I	O	S	E	Í	O	M	A
T	U	X	Ý	L	Ý	X	V	B	Á	O	T	L	A	K
Ý	C	M	K	Ý	Ý	F	E	Y	R	B	K	Ú	T	T
L	Y	A	C	K	T	F	N	H	K	R	A	T	I	Í
A	M	B	I	C	I	Ó	Z	N	Y	O	R	N	C	V
N	X	J	T	E	Ž	V	J	Z	E	V	T	Y	K	N
O	D	N	O	L	E	Z	V	M	M	S	A	O	Ý	Y
K	T	I	X	E	L	E	C	I	Z	K	V	X	R	D
O	R	P	E	M	Ô	L	B	N	R	Ý	P	I	W	U
D	A	N	B	U	D	T	O	T	O	Ž	N	Ý	I	V
A	N	F	I	Ú	P	R	I	M	N	Ý	U	K	H	Z
M	O	D	E	R	N	Ý	R	D	E	T	Š	C	I	E

ABSOLÚTNY
AKTÍVNY
AMBICIÓZNY
AROMATICKÝ
UMELECKÝ
ATRAKTÍVNY
KRÁSNY
EXOTICKÝ
OBROVSKÝ
ŠTEDRÝ
ÚPRIMNÝ
TOTOŽNÝ
DÔLEŽITÝ
NEVINNÝ
MLADÝ
POMALÝ
ŤAŽKÝ
TENKÝ
MODERNÝ
DOKONALÝ

5 - Instruments de Musique

D	B	C	S	Z	B	P	T	H	T	T	V	J	Y	P
T	O	U	U	C	U	H	I	A	H	A	R	F	A	E
O	A	S	N	Ó	B	M	O	R	T	L	L	Y	T	R
G	K	M	I	K	O	H	E	M	G	O	N	G	U	K
A	B	K	B	A	N	Í	L	O	D	N	A	M	A	U
F	Ú	U	L	U	X	R	S	N	M	G	O	N	L	S
A	R	H	Z	A	R	H	U	I	A	G	G	E	F	I
H	T	D	G	I	V	Í	H	K	R	T	V	E	E	E
Y	X	D	D	A	E	Í	N	A	I	A	Y	G	F	E
S	A	X	O	F	Ó	N	R	A	M	Y	R	I	T	G
A	S	Y	R	J	B	T	G	L	B	O	F	T	B	L
B	A	N	J	O	R	A	C	L	A	N	L	A	X	L
E	W	B	S	B	D	J	I	O	J	T	A	R	B	U
D	A	D	T	O	O	N	U	R	S	J	G	A	K	X
F	W	I	T	H	K	L	A	R	I	N	E	T	S	O

BANJO
FAGOT
KLARINET
FLAUTA
GONG
GITARA
HARMONIKA
HARFA
HOBOJ
MANDOLÍNA
MARIMBA
PERKUSIE
KLAVÍR
SAXOFÓN
BUBON
TAMBURÍNA
TROMBÓN
TRÚBKA
HUSLE

6 - Herboristerie

M	C	G	L	R	O	Z	M	A	R	Í	N	V	I	N
R	A	H	L	D	Ý	K	C	I	T	A	M	O	R	A
G	K	J	U	J	N	X	R	R	E	Ä	R	K	K	R
W	L	H	O	Ť	W	D	N	S	V	M	M	O	O	F
Z	A	D	A	R	H	Á	Z	G	K	H	W	Y	F	A
L	Z	T	P	X	Á	W	S	N	A	I	M	Y	T	Š
O	A	K	Z	R	Ý	N	Š	E	P	S	O	R	P	C
Ž	B	V	W	S	K	V	A	L	I	T	A	Z	W	E
K	L	W	O	N	D	U	W	Ž	V	H	Y	E	O	S
A	F	E	N	I	K	E	L	R	H	I	D	L	K	N
C	G	L	N	Ó	G	A	R	T	S	E	D	E	D	A
A	A	Ľ	U	D	N	A	V	E	L	W	B	N	H	K
L	R	E	W	T	V	I	W	P	V	O	Z	Á	M	W
K	U	C	H	Á	R	S	K	Y	N	S	G	I	G	E
X	K	M	X	A	I	K	T	K	M	A	B	T	A	T

CESNAK
AROMATICKÝ
BAZALKA
PROSPEŠNÝ
KUCHÁRSKY
ESTRAGÓN
FENIKEL
KVET
ZLOŽKA
ZÁHRADA
LEVANDUĽA
MAJORÁN
MÄTA
PETRŽLEN
KVALITA
ROZMARÍN
ŠAFRAN
CHUŤ
TYMIAN
ZELENÁ

7 - Véhicules

N	Á	K	L	A	D	N	É	A	U	T	O	E	J	A
C	B	I	I	V	R	T	U	Ľ	N	Í	K	M	L	U
L	O	Ď	K	A	R	A	V	Á	N	A	J	M	B	T
J	P	U	E	G	P	K	E	U	K	B	E	O	C	O
G	I	K	I	M	S	O	N	L	R	L	I	G	N	B
L	S	I	I	G	O	P	F	Z	E	L	C	H	L	U
C	T	X	Y	K	I	T	A	M	U	E	N	P	I	S
T	R	A	J	E	K	T	O	Y	S	K	A	R	E	R
H	B	T	W	O	X	J	P	R	K	Y	L	A	T	A
H	Z	A	U	T	O	W	H	O	Ú	C	U	F	A	K
W	J	E	O	P	D	K	S	T	T	I	B	T	D	E
P	O	N	O	R	K	A	C	K	E	B	M	G	L	T
N	Á	L	P	O	T	E	K	A	R	G	A	S	O	A
T	K	K	P	T	R	E	F	R	F	F	A	B	H	A
B	O	W	T	C	O	E	M	T	R	T	C	I	O	O

AMBULANCIE
LIETADLO
LOĎ
AUTOBUS
NÁKLADNÉ AUTO
KARAVÁNA
TRAJEKT
RAKETA
VRTUĽNÍK
METRO
MOTOR
RAKETOPLÁN
PNEUMATIKY
RAFT
SKÚTER
PONORKA
TAXI
TRAKTOR
BICYKEL
AUTO

8 - Camping

L	Z	V	I	E	R	A	T	Á	S	E	J	N	M	J
H	A	M	Z	Y	S	J	Y	E	T	I	D	G	E	A
K	T	N	T	Y	T	L	F	B	A	N	M	W	S	Z
H	L	M	O	N	R	C	P	Y	N	E	Ň	P	I	E
O	T	O	N	G	O	V	R	C	H	D	E	Y	A	R
J	A	Y	B	G	M	O	P	O	V	A	H	A	C	O
D	E	P	C	Ú	Y	L	R	G	A	I	O	E	Y	W
A	M	H	B	G	K	S	S	U	X	R	Z	E	K	M
C	V	N	R	U	O	L	E	S	X	A	E	C	G	W
I	K	A	B	Í	N	A	O	A	J	Z	E	I	E	S
A	I	O	X	E	N	T	N	P	P	Y	J	J	Z	H
S	K	R	M	W	A	P	A	M	F	M	K	R	V	V
I	M	K	Y	J	L	I	K	O	I	H	N	M	J	A
E	G	G	I	D	J	U	I	K	S	J	R	M	C	N
Ť	D	O	B	R	O	D	R	U	Ž	S	T	V	O	T

ZVIERATÁ
STROMY
DOBRODRUŽSTVO
KOMPAS
KABÍNA
KANOE
MAPA
KLOBÚK
LOV
LANO
ZARIADENIE
OHEŇ
LES
HOJDACIA SIEŤ
HMYZ
JAZERO
MESIAC
VRCH
POVAHA
STAN

9 - Écologie

D	P	R	I	R	O	D	Z	E	N	Ý	Y	S	U	G
H	O	A	I	C	Á	T	E	G	E	V	M	C	D	L
S	H	B	Y	T	E	W	J	T	V	H	O	J	R	O
V	C	Y	R	O	H	A	O	E	V	M	N	H	Ž	B
W	U	Ť	S	O	D	O	R	O	N	Z	Ô	R	A	Á
Y	S	N	Z	W	V	M	D	H	H	B	M	R	T	L
T	P	Z	I	H	E	O	Z	F	L	Ó	R	A	E	N
I	C	A	Y	U	A	V	Ľ	M	T	Y	B	H	Ľ	Y
N	U	E	V	R	K	B	A	N	A	G	V	A	N	P
U	E	I	G	D	S	B	I	Y	Í	C	F	V	Ý	F
M	J	V	D	F	S	P	X	T	O	C	V	O	S	I
O	H	W	I	V	A	O	L	M	A	C	I	P	A	O
K	L	Í	M	A	P	U	M	Z	V	T	I	O	Z	S
M	O	R	S	K	Ý	Y	N	I	L	T	S	A	R	N
P	R	E	Ž	I	T	I	E	A	M	O	Č	I	A	R

DOBROVOĽNÍCI
KLÍMA
KOMUNITY
RÔZNORODOSŤ
UDRŽATEĽNÝ
DRUH
FAUNA
FLÓRA
GLOBÁLNY
HABITAT
MOČIAR
MORSKÝ
HORY
POVAHA
PRIRODZENÝ
RASTLINY
ZDROJE
SUCHO
PREŽITIE
VEGETÁCIA

10 - Géométrie

T	R	O	J	U	H	O	L	N	Í	K	O	T	Č	L
L	J	K	C	Z	H	D	D	D	G	C	V	E	Í	O
A	S	U	R	H	C	B	K	S	T	K	L	Ó	S	G
I	M	Z	E	I	R	O	V	N	I	C	E	R	L	I
W	B	D	M	B	V	L	R	N	P	L	I	I	O	K
U	C	V	E	J	O	K	P	O	Z	N	D	A	K	A
P	N	Y	I	S	P	X	A	K	Z	B	O	J	A	Y
Z	A	L	R	J	N	L	Z	R	S	M	P	L	L	L
M	K	R	P	J	Z	F	G	U	W	K	E	R	K	H
B	Š	N	A	J	F	C	X	H	A	G	S	R	U	M
O	Ý	X	N	L	S	Y	M	E	T	R	I	A	L	E
O	V	H	G	L	E	S	E	G	M	E	N	T	Á	D
G	P	D	R	H	V	L	U	H	O	L	P	R	C	I
N	A	W	B	Ť	S	O	N	T	O	M	H	J	I	Á
K	O	R	J	M	W	D	Z	Ý	F	X	F	H	A	N

UHOL
KALKULÁCIA
KRUH
KRIVKA
PRIEMER
ROZMER
ROVNICE
VÝŠKA
LOGIKA
HMOTNOSŤ
MEDIÁN
ČÍSLO
PARALELNÝ
PODIEL
SEGMENT
POVRCH
SYMETRIA
TEÓRIA
TROJUHOLNÍK

11 - Les Médias

F	A	G	G	A	S	R	Z	V	R	R	O	J	K	F
Č	I	Y	N	I	V	O	N	K	Y	Á	F	Z	O	O
A	Z	N	K	J	P	Z	P	B	N	D	A	L	M	T
S	Í	L	A	Y	O	Á	D	O	T	I	V	Ť	E	O
O	V	Á	I	N	U	N	W	Y	S	O	V	S	R	G
P	E	U	C	L	C	E	E	S	E	T	V	O	Č	R
I	L	T	Á	Á	R	O	Y	F	I	H	O	N	N	A
S	E	K	K	T	X	Z	V	Y	M	N	M	J	Ý	F
Y	T	E	I	I	V	V	J	A	X	D	N	E	E	I
Z	N	L	N	G	S	I	E	Ť	N	G	V	R	K	E
V	N	E	U	I	A	H	W	M	S	I	G	E	F	F
Y	T	T	M	D	O	N	L	I	N	E	E	V	A	L
K	T	N	O	P	R	I	E	M	Y	S	E	L	K	C
V	W	I	K	V	Y	D	A	N	I	E	N	M	T	O
V	Z	D	E	L	Á	V	A	N	I	E	D	Y	Y	S

POSTOJE
KOMERČNÝ
KOMUNIKÁCIA
ONLINE
VYDANIE
VZDELÁVANIE
FAKTY
FINANCOVANIE
PRIEMYSEL
INTELEKTUÁLNY
NOVINY
MIESTNY
ČASOPISY
DIGITÁLNY
NÁZOR
FOTOGRAFIE
VEREJNOSŤ
RÁDIO
SIEŤ
TELEVÍZIA

12 - Philanthropie

N	O	G	W	H	I	S	T	Ó	R	I	A	P	H	L
V	E	R	E	J	N	O	S	Ť	T	E	G	Y	A	O
F	L	P	H	K	Y	T	N	K	Z	B	L	P	O	G
M	S	X	Ť	S	O	R	D	E	T	Š	O	O	G	D
M	F	T	K	Z	S	M	C	R	T	H	B	C	B	E
I	Ž	X	O	L	C	G	U	I	U	G	Á	T	G	T
S	E	R	N	R	F	W	Z	N	L	X	L	I	F	I
I	D	Y	V	Z	Ý	V	F	C	I	I	N	V	O	C
A	Á	T	I	D	S	D	C	I	C	T	Y	O	N	H
V	L	K	D	A	Z	W	A	O	N	I	A	S	D	A
Y	M	A	R	G	O	R	P	F	W	A	E	Ť	Y	R
P	O	T	R	E	B	O	V	A	Ť	I	N	L	X	I
C	Y	N	I	P	U	K	S	X	U	D	E	C	E	T
Z	O	O	V	T	S	D	U	Ľ	O	U	R	E	I	A
V	F	K	C	V	K	W	D	Y	F	Ľ	T	H	F	E

POTREBOVAŤ
CIELE
CHARITA
KOMUNITA
KONTAKTY
VÝZVY
DETI
FINANCIE
FONDY
ĽUDIA
ŠTEDROSŤ
GLOBÁLNY
SKUPINY
HISTÓRIA
POCTIVOSŤ
ĽUDSTVO
MLÁDEŽ
MISIA
PROGRAMY
VEREJNOSŤ

13 - Diplomatie

I	B	L	A	R	P	I	W	A	S	O	P	F	B	D
K	N	E	X	U	K	O	T	I	E	D	L	K	Z	I
O	K	T	Z	G	L	H	R	N	A	W	D	H	A	P
M	O	Z	E	P	J	V	J	A	K	I	T	E	H	L
U	N	M	I	G	E	T	X	Č	D	G	R	J	R	O
N	F	L	N	J	R	Č	S	B	U	C	Z	Y	A	M
I	L	U	E	A	X	I	N	O	R	J	A	M	N	A
T	I	V	Š	K	B	V	T	O	T	X	D	I	I	T
A	K	A	E	I	T	D	Z	A	S	I	Á	O	Č	I
Y	T	F	I	T	U	I	A	B	A	Ť	L	S	N	C
Y	M	J	R	I	G	H	B	W	A	P	V	L	Ý	K
C	E	N	A	L	S	Y	V	Ľ	E	V	N	G	E	Ý
B	V	A	R	O	Z	H	O	D	N	U	T	I	E	J
A	P	Z	J	P	D	I	S	K	U	S	I	A	S	O
S	P	R	A	V	O	D	L	I	V	O	S	Ť	U	G

VEĽVYSLANEC
OBČANIA
KOMUNITA
KONFLIKT
PORADCA
DIPLOMATICKÝ
DISKUSIA
ETIKA
ZAHRANIČNÝ
VLÁDA
INTEGRITA
SPRAVODLIVOSŤ
POLITIKA
ROZHODNUTIE
BEZPEČNOSŤ
RIEŠENIE
ZMLUVA

14 - Électricité

Z	A	M	B	B	L	M	A	F	H	B	E	S	D	T
Á	U	N	K	A	D	A	P	H	R	I	L	I	R	E
S	E	O	V	T	K	R	M	Z	E	N	E	E	Ô	L
U	I	Ž	D	É	U	Á	C	P	S	E	K	Ť	T	E
V	N	S	L	R	A	G	B	T	A	G	T	T	Y	F
K	E	T	K	I	K	B	J	E	L	A	R	E	F	Ó
A	D	V	F	A	T	G	X	M	L	T	I	L	G	N
V	A	O	X	R	K	X	H	D	Y	Í	C	E	R	W
Ž	I	A	R	O	V	K	A	E	U	V	K	V	R	S
X	R	M	A	G	N	E	T	R	L	N	Ý	Í	I	K
O	A	G	C	R	G	G	L	P	T	Y	L	Z	O	U
N	Z	P	O	Z	I	T	Í	V	N	Y	U	I	D	P
G	E	N	E	R	Á	T	O	R	M	J	A	A	I	N
P	S	U	S	K	L	A	D	O	V	A	N	I	E	N
M	S	T	E	L	E	K	T	R	I	K	Á	R	V	B

MAGNET
ŽIAROVKA
BATÉRIA
KÁBEL
ELEKTRIKÁR
ELEKTRICKÝ
ZARIADENIE
DRÔTY
GENERÁTOR
LAMPA

LASER
NEGATÍVNY
PREDMET
POZITÍVNY
ZÁSUVKA
MNOŽSTVO
SIEŤ
SKLADOVANIE
TELEFÓN
TELEVÍZIA

15 - Astronomie

H	Z	A	T	M	E	N	I	E	Ž	I	U	A	V	W
G	M	J	Ť	D	N	T	W	Z	I	R	V	B	V	C
A	S	L	S	U	K	F	C	C	A	I	S	E	M	R
L	Ú	T	O	A	T	E	K	A	R	N	O	N	Z	Í
A	H	E	N	V	S	V	K	K	E	K	L	H	T	M
X	V	J	N	R	I	T	S	Y	N	R	Á	L	O	S
I	E	W	E	P	U	N	R	J	I	U	X	J	M	E
A	Z	C	D	M	L	K	A	O	E	W	S	D	S	V
Z	D	G	O	U	R	A	V	O	N	R	E	P	U	S
E	I	Z	N	C	P	O	N	Z	R	Ó	B	K	I	U
M	E	H	V	Y	H	U	C	É	F	I	M	O	C	V
Z	D	I	O	R	E	T	S	A	T	X	L	Z	X	Z
K	Y	J	R	M	E	T	E	O	R	A	Y	M	E	T
A	S	T	R	O	N	A	U	T	T	I	P	O	V	P
U	R	M	U	I	R	Ó	T	A	V	R	E	S	B	O

ASTEROID
ASTRONAUT
ASTRONÓM
NEBA
SÚHVEZDIE
KOZMOS
ZATMENIE
ROVNODENNOSŤ
RAKETA
GALAXIA
MESIAC
METEOR
HMLOVINA
OBSERVATÓRIUM
PLANÉTA
ŽIARENIE
SOLÁRNY
SUPERNOVA
ZEM
VESMÍR

16 - Physique

C	C	H	A	O	S	N	F	A	G	J	I	R	O	B
H	H	B	Y	S	M	I	E	O	O	A	L	B	Z	T
E	I	N	E	L	H	C	Ý	R	Z	D	Z	O	O	D
M	H	M	O	T	N	O	S	Ť	T	R	O	T	O	M
I	O	T	E	M	K	Y	U	B	P	O	E	M	G	M
C	O	V	D	C	G	B	L	G	L	V	H	E	R	O
K	A	C	I	T	S	A	Č	P	V	Ý	U	C	A	L
Ý	A	T	I	V	I	T	A	L	E	R	S	H	V	E
N	U	N	Ó	R	T	K	E	L	E	V	T	A	I	K
R	Y	F	M	M	O	E	V	T	A	A	O	N	T	U
R	Ý	C	H	L	O	S	Ť	Z	U	M	T	I	Á	L
S	B	M	H	R	A	L	U	B	O	X	A	K	C	A
F	R	E	K	V	E	N	C	I	A	R	U	A	I	O
U	N	I	V	E	R	Z	Á	L	N	Y	E	T	A	R
G	M	A	G	N	E	T	I	Z	M	U	S	C	H	O

ZRÝCHLENIE
ATÓM
CHAOS
CHEMICKÝ
HUSTOTA
ELEKTRÓN
VZOREC
FREKVENCIA
PLYN
GRAVITÁCIA
MAGNETIZMUS
HMOTNOSŤ
MECHANIKA
MOLEKULA
MOTOR
JADROVÝ
ČASTICA
RELATIVITA
UNIVERZÁLNY
RÝCHLOSŤ

17 - Types de Cheveux

K	Č	I	E	R	N	Y	F	B	S	Š	E	D	Á	M
S	U	E	Y	S	D	F	C	L	U	Z	M	M	Z	Z
T	U	Č	L	U	L	W	O	O	C	K	P	E	X	Z
O	R	B	E	I	R	T	S	N	H	X	J	K	R	G
Y	E	Z	I	R	R	X	K	D	Ý	T	I	N	L	V
W	C	S	B	T	A	F	L	M	S	U	J	V	Y	L
M	M	V	O	E	Z	V	X	X	K	U	F	V	R	T
D	Ä	M	R	N	D	F	Ý	P	L	E	Š	A	T	Ý
P	L	K	Y	K	R	A	Y	B	S	I	Y	A	D	K
L	M	H	K	Ý	A	R	L	E	S	K	L	Ý	H	R
E	U	M	Ý	Ý	V	E	K	U	Č	E	R	Y	N	Á
T	M	O	Z	X	Ý	B	U	R	H	K	L	S	E	T
E	O	A	A	X	Z	N	J	V	M	Y	Y	O	D	K
N	B	H	N	F	Y	É	F	Z	Y	H	U	N	Ý	Y
É	K	Z	W	J	J	H	J	T	F	H	E	K	A	G

STRIEBRO
BIELY
BLOND
KUČERY
LESKLÝ
PLEŠATÝ
FAREBNÉ
KRÁTKY
MÄKKÝ
HRUBÝ
KUČERAVÝ
ŠEDÁ
DLHÝ
HNEDÝ
TENKÝ
ČIERNY
VLNITÝ
ZDRAVÝ
SUCHÝ
PLETENÉ

18 - Archéologie

D	M	F	K	É	O	S	N	P	H	R	K	V	S	P
C	H	R	Á	M	R	A	E	O	R	E	B	Ý	T	Z
T	Í	M	E	D	R	A	Z	T	O	L	R	S	A	N
C	P	Y	Z	E	D	X	N	O	B	I	S	K	R	B
I	R	E	J	I	A	W	Á	M	L	K	U	U	O	P
V	E	W	C	N	L	K	M	O	S	V	C	M	V	Z
I	D	S	I	E	Z	E	Y	K	R	I	A	N	E	T
L	M	K	Ý	T	U	N	D	U	B	A	Z	Í	K	A
I	E	G	Í	O	P	L	B	R	D	K	Ý	K	U	J
Z	T	X	L	N	A	Í	C	N	B	I	L	B	J	O
Á	O	N	K	D	R	S	I	I	J	M	A	O	D	M
C	A	I	A	O	N	O	M	I	B	A	N	F	H	S
I	X	C	W	H	A	F	B	N	J	R	A	W	G	T
A	K	O	S	T	I	O	T	D	B	E	I	P	E	V
P	R	O	F	E	S	O	R	L	O	K	G	B	O	O

ANALÝZA
STAROVEKU
VÝSKUMNÍK
CIVILIZÁCIA
POTOMOK
ODBORNÍK
ÉRA
TÍM
HODNOTENIE
FOSÍLNE
NEZNÁMY
TAJOMSTVO
PREDMET
KOSTI
ZABUDNUTÝ
KERAMIKA
PROFESOR
RELIKVIA
CHRÁM
HROB

19 - Mammifères

K	G	M	O	I	L	L	Y	O	G	J	C	I	G	K
T	S	A	O	P	K	Ô	Ň	V	G	J	B	U	O	G
D	B	Č	K	B	I	O	F	C	N	L	U	M	R	S
K	H	K	N	U	Y	C	N	E	A	D	M	L	I	L
L	R	A	B	Ý	K	B	A	L	Í	Š	K	A	L	D
V	E	Á	M	P	X	S	K	A	A	I	V	E	A	V
K	G	D	L	E	L	E	O	B	R	S	T	B	W	E
O	I	P	G	I	D	B	L	R	B	O	A	O	Y	Ľ
J	T	A	A	S	K	V	K	D	E	L	F	Í	N	R
O	Z	B	D	S	B	S	E	A	Z	P	A	I	O	Y
T	P	M	L	D	J	L	E	Ď	I	F	R	G	L	B
O	X	R	W	A	L	R	F	O	T	V	I	D	S	A
B	U	M	L	P	I	T	V	J	N	K	Ž	J	E	L
P	D	G	E	K	D	G	G	N	H	T	M	K	P	A
V	A	Z	V	M	P	P	F	A	Y	H	H	C	Y	A

VEĽRYBA
MAČKA
KÔŇ
PES
KOJOT
DELFÍN
SLON
ŽIRAFA
GORILA
KLOKAN

KRÁLIK
LEV
VLK
OVCE
MEDVEĎ
LÍŠKA
OPICA
BÝK
TIGER
ZEBRA

20 - Chocolat

L	A	P	O	L	H	H	O	O	Z	B	C	G	K	L
E	I	R	Ó	L	A	K	O	A	K	A	K	H	C	D
M	G	R	Y	Y	M	I	Z	R	Y	S	L	A	U	E
A	C	E	F	D	Ó	R	K	G	K	S	U	N	E	Ť
R	I	C	E	I	R	H	N	S	R	Ý	C	T	X	R
A	I	E	D	Š	A	T	I	L	A	V	K	I	O	E
K	T	P	I	A	L	A	H	O	D	N	Ý	O	T	M
C	O	T	G	R	Z	L	O	Ž	K	A	O	X	I	E
U	Ý	K	D	A	L	S	C	U	K	O	R	I	C	S
K	A	P	O	A	J	V	W	V	F	X	Z	D	K	E
R	Y	W	S	S	K	U	M	O	T	K	W	A	Ý	L
O	G	Y	H	C	O	A	A	L	A	C	P	N	M	N
V	C	M	R	J	E	V	T	C	Y	X	Y	T	X	É
Í	N	C	O	N	W	S	Ý	N	E	B	Ú	Ľ	B	O
D	U	P	R	Á	Š	O	K	H	W	F	G	K	J	V

HORKÝ
ANTIOXIDANT
ARÓMA
REMESELNÉ
CUKROVÍ
ARAŠIDY
KAKAO
KALÓRIE
KARAMEL
LAHODNÝ
SLADKÝ
EXOTICKÝ
OBĽÚBENÝ
CHUŤ
ZLOŽKA
KOKOSOVÝ
PRÁŠOK
KVALITA
RECEPT
CUKOR

21 - Mathématiques

S	R	P	A	R	A	L	E	L	N	Ý	F	J	K	U
J	Y	R	O	V	N	I	C	E	O	T	M	H	I	N
J	L	M	G	E	O	M	E	T	R	I	A	L	X	D
V	H	E	E	I	T	S	E	M	Á	N	L	P	O	D
P	U	R	F	T	N	E	N	O	P	X	E	O	A	K
O	P	I	F	G	R	S	Ú	Č	E	T	Z	L	R	O
P	B	C	É	N	N	I	T	A	S	E	D	O	I	M
R	H	D	I	L	G	W	A	I	N	Z	Y	M	T	O
I	G	O	Ĺ	A	T	E	R	N	Y	Z	H	E	M	L
E	C	V	M	Ž	V	V	É	N	O	G	K	R	E	Z
M	I	B	C	D	N	N	F	F	W	M	N	P	T	L
E	L	O	M	O	O	I	S	U	G	N	O	P	I	N
R	M	O	M	R	B	A	K	R	H	O	F	V	K	X
R	O	V	N	O	B	E	Ž	N	Í	K	C	D	A	X
M	N	O	H	O	U	H	O	L	N	Í	K	C	P	H

UHLY
ARITMETIKA
NÁMESTIE
OBVOD
DESATINNÉ
PRIEMER
EXPONENT
ROVNICE
ZLOMOK
GEOMETRIA
PARALELNÝ
ROVNOBEŽNÍK
KOLMÝ
MNOHOUHOLNÍK
POLOMER
OBDĹŽNIK
SÚČET
SFÉRA
SYMETRIA

22 - Sport

Z	N	S	G	M	C	D	D	S	S	S	A	W	K	L
D	T	S	P	T	E	W	I	G	N	I	G	G	O	J
R	J	R	V	R	L	T	V	U	P	Y	L	A	V	S
A	Z	D	B	É	I	Y	A	U	D	J	G	A	H	Z
V	N	Z	C	N	D	J	T	B	G	I	P	E	X	N
I	B	S	B	E	F	F	W	J	O	E	É	H	R	T
E	R	M	A	R	G	O	R	P	V	L	J	T	I	S
S	B	Ť	A	V	O	Z	I	L	A	M	I	X	A	M
V	Ý	Ž	I	V	A	V	K	C	I	E	Ľ	C	P	D
S	T	R	E	Č	I	N	G	U	K	N	V	T	K	P
Š	P	O	R	T	O	V	E	C	O	W	F	Z	S	Ý
T	A	N	E	C	A	F	E	O	S	T	B	W	S	Z
Š	P	O	R	T	O	V	É	U	T	E	W	H	I	R
V	R	G	G	A	K	I	T	S	I	L	K	Y	C	J
R	S	C	H	O	P	N	O	S	Ť	O	U	Z	B	U

ŠPORTOVEC
SCHOPNOSŤ
TELO
CYKLISTIKA
TANEC
DIÉTA
TRÉNER
STREČING
SILA
JOGGING
MAXIMALIZOVAŤ
METABOLICKÝ
SVALY
VÝŽIVA
CIEĽ
KOSTI
PROGRAM
ZDRAVIE
ŠPORTOVÉ

23 - Mythologie

A	K	N	I	D	R	H	L	V	L	A	V	F	Ť	T
T	S	U	F	V	S	Ý	N	Ľ	E	T	R	M	S	V
V	E	B	L	A	Z	J	Z	M	G	S	M	B	O	O
O	L	Y	F	T	K	B	N	M	E	M	E	O	V	R
R	B	R	A	N	Ú	A	S	P	N	O	P	R	I	B
U	R	R	V	I	C	R	T	P	D	P	V	H	L	A
V	A	Y	U	R	R	X	A	A	A	X	K	H	R	H
I	O	P	J	Y	S	X	W	L	S	Z	J	R	A	R
R	M	M	D	B	B	R	J	J	I	T	N	A	I	D
E	E	I	N	A	V	Á	R	P	S	S	R	M	Ž	I
E	W	V	G	L	P	R	Í	Š	E	R	A	O	X	N
N	E	S	M	R	T	E	Ľ	N	O	S	Ť	R	F	A
A	R	C	H	E	T	Y	P	T	N	M	X	H	M	A
K	B	O	J	O	V	N	Í	K	K	Z	O	K	I	C
P	R	E	S	V	E	D	Č	E	N	I	E	H	A	R

ARCHETYP
KATASTROFA
SPRÁVANIE
TVORBA
TVOR
PRESVEDČENIE
KULTÚRA
BLESK
SILA
BOJOVNÍK
HRDINKA
HRDINA
NESMRTEĽNOSŤ
ŽIARLIVOSŤ
LABYRINT
LEGENDA
PRÍŠERA
SMRTEĽNÝ
HROM
POMSTA

24 - Restaurant #2

N	P	M	G	O	V	E	N	Č	E	K	T	U	Y	R
T	O	R	T	A	V	M	D	L	A	L	U	B	W	V
Á	V	U	V	U	O	Y	H	S	J	Š	K	B	Z	L
L	A	J	C	B	D	D	E	B	O	F	N	G	L	Y
A	J	D	S	A	A	T	I	L	P	V	B	Í	A	Ž
Š	C	O	T	I	I	Z	C	C	Á	B	D	U	K	I
Z	I	H	O	L	A	H	O	D	N	Ý	S	M	V	C
L	A	C	L	A	R	H	V	V	R	Y	B	Y	E	A
O	Y	E	I	N	E	R	O	K	I	X	N	G	I	H
T	H	P	Č	I	Č	W	C	A	P	D	H	N	L	P
Ľ	K	R	K	N	E	N	Z	B	U	F	L	K	O	B
O	A	L	A	E	V	U	I	S	A	P	L	I	P	A
S	D	D	V	L	J	C	R	D	X	V	R	D	C	D
W	E	T	O	E	C	N	A	Z	E	R	H	R	X	A
X	A	U	N	Z	R	Z	U	T	T	F	T	C	X	H

NÁPOJ
STOLIČKA
LYŽICA
OBED
LAHODNÝ
VEČERA
VODA
KORENIE
VIDLICA
OVOCIE
TORTA
ĽAD
ZELENINA
REZANCE
VAJCIA
RYBY
ŠALÁT
SOĽ
ČAŠNÍK
POLIEVKA

25 - Beauté

T	Z	P	K	O	Z	M	E	T	I	K	A	A	S	E
X	R	Y	D	M	Y	P	C	S	J	R	Y	Z	Č	L
Ý	K	C	I	N	E	G	O	T	O	F	Ú	I	A	E
N	A	B	R	A	F	D	O	A	E	B	I	Ž	R	G
O	D	Ň	U	X	A	T	S	I	L	Y	T	S	O	A
Ž	L	I	Ô	Y	K	G	P	U	E	K	A	M	O	N
N	O	A	E	V	F	U	J	R	G	N	K	L	X	T
I	C	M	Z	X	N	Ó	P	M	A	Š	M	K	N	N
C	V	F	J	X	R	O	O	C	N	B	A	Z	H	Ý
E	H	A	O	A	V	U	H	V	C	F	S	P	T	D
R	T	C	C	L	V	U	B	O	I	F	K	N	B	G
L	H	R	Y	R	E	Č	U	K	A	X	A	U	P	O
M	I	L	O	S	Ť	J	R	O	K	S	R	Z	A	J
S	L	U	Ž	B	Y	N	E	Ž	R	Z	A	V	N	N
H	L	A	D	K	Ý	F	B	A	F	Y	R	T	J	C

KUČERY
ČARO
NOŽNICE
KOZMETIKA
FARBA
ELEGANCIA
ELEGANTNÝ
MILOSŤ
OLEJE
HLADKÝ
MAKE-UP
MASKARA
ZRKADLO
VÔŇA
KOŽA
FOTOGENICKÝ
RÚŽ
SLUŽBY
ŠAMPÓN
STYLISTA

26 - Avions

L	G	W	K	Z	J	H	S	A	V	K	K	D	Z	L
W	L	E	H	E	G	I	C	M	B	A	O	O	O	H
J	T	L	Z	A	P	S	K	H	E	E	N	B	S	Z
P	A	L	I	V	O	T	D	U	I	R	Š	R	T	I
Y	R	N	C	X	K	Ó	O	Y	T	O	T	O	U	B
X	É	T	A	F	V	R	V	Y	Á	T	R	D	P	A
U	F	F	K	F	N	I	L	O	T	O	U	R	X	L
I	S	B	Š	L	Ú	A	R	X	S	M	K	U	T	Ó
M	O	J	Ý	L	H	K	Z	L	I	C	C	Ž	H	N
E	M	L	V	H	S	M	N	Z	R	A	I	S	I	T
K	T	V	Z	D	U	C	H	U	P	X	A	T	J	J
K	A	P	O	S	Á	D	K	A	Ť	B	L	V	O	M
V	O	D	Í	K	O	D	N	E	B	A	D	O	K	V
C	E	S	T	U	J	Ú	C	I	V	R	T	U	L	E
E	B	C	X	P	S	M	U	L	S	P	I	L	O	T

VZDUCH
ATMOSFÉRA
PRISTÁTIE
DOBRODRUŽSTVO
BALÓN
PALIVO
NEBA
KONŠTRUKCIA
ZOSTUP
SMER
POSÁDKA
NAFÚKNUŤ
VÝŠKA
VRTULE
HISTÓRIA
VODÍK
MOTOR
CESTUJÚCI
PILOT

27 - Aventure

P	P	Y	X	L	S	S	E	X	K	U	R	Z	I	A
R	R	A	H	E	K	T	N	A	D	Š	E	N	I	E
Í	Í	Ý	V	I	P	A	V	K	E	R	P	G	N	O
L	P	V	B	P	C	T	S	N	E	J	B	H	E	B
E	R	O	E	O	E	O	C	Á	Y	B	I	W	B	T
Ž	A	N	Z	V	S	Č	L	I	R	S	T	F	E	I
I	V	N	P	A	T	N	T	W	E	K	I	N	Z	A
T	A	E	E	H	U	O	Z	J	D	Ľ	N	A	P	Ž
O	D	O	Č	A	J	S	S	W	H	S	E	V	E	N
S	D	B	N	J	E	Ť	D	T	C	N	R	I	Č	O
Ť	V	V	O	W	M	S	H	F	W	H	Á	G	N	S
F	F	Y	S	Ť	S	O	N	N	I	Č	R	Á	Ý	Ť
K	K	K	Ť	X	V	D	Š	A	N	C	A	C	L	I
C	N	L	W	H	Y	A	E	V	A	H	C	I	E	C
D	R	Ý	L	N	S	R	K	T	X	I	K	A	C	W

ČINNOSŤ
KRÁSA
STATOČNOSŤ
ŠANCA
NEBEZPEČNÝ
CIEĽ
OBTIAŽNOSŤ
NADŠENIE
EXKURZIA
NEOBVYKLÝ
ITINERÁR
RADOSŤ
POVAHA
NAVIGÁCIA
NOVÝ
PRÍLEŽITOSŤ
PRÍPRAVA
BEZPEČNOSŤ
PREKVAPIVÝ
CESTUJE

28 - Ville

P	L	S	Z	Z	H	J	A	R	C	T	X	S	K	X
N	E	E	W	D	A	X	L	E	T	O	H	U	V	D
D	C	K	K	L	Y	J	O	Š	K	K	R	P	E	D
M	L	U	Á	Á	U	F	K	T	N	J	T	E	T	B
F	C	A	P	R	R	T	Š	A	I	Y	Z	R	I	Z
G	T	E	U	Z	E	E	T	U	Ž	X	H	M	N	W
K	A	Z	E	K	P	Ň	Ň	R	N	X	Z	A	Á	Z
V	I	M	Ú	Z	E	U	M	Á	I	Z	L	R	R	K
L	R	N	M	B	G	I	V	C	C	V	R	K	S	L
N	É	Y	O	A	V	L	G	I	A	A	N	E	T	I
I	L	B	W	N	P	I	T	A	P	R	U	T	V	N
U	A	O	H	K	D	I	V	A	D	L	O	H	O	I
P	G	G	U	A	T	I	Z	R	E	V	I	N	U	K
Z	L	E	T	I	S	K	O	Z	U	S	M	L	I	A
L	Š	T	A	D	I	Ó	N	V	K	A	A	A	I	Y

LETISKO
BANKA
KNIŽNICA
PEKÁREŇ
KINO
KLINIKA
ŠKOLA
KVETINÁRSTVO
GALÉRIA
HOTEL
TRH
MÚZEUM
LEKÁREŇ
REŠTAURÁCIA
ŠTADIÓN
SUPERMARKET
DIVADLO
UNIVERZITA

29 - Ingénierie

K	N	W	C	H	L	J	E	H	D	F	V	F	X	K
C	A	I	C	Á	T	O	R	N	P	Á	K	Y	H	O
X	T	L	A	K	F	R	X	K	E	R	B	L	P	N
C	I	Y	K	M	O	T	O	R	N	R	Z	R	V	Š
D	L	Z	B	U	X	S	Z	R	U	D	G	P	T	T
R	I	V	Ĺ	T	L	X	Y	E	P	L	R	I	M	R
D	B	U	H	O	L	Á	T	M	R	O	I	J	A	U
M	A	R	G	A	I	D	C	E	A	O	H	N	H	K
D	T	X	U	C	X	B	D	I	R	S	S	O	O	C
X	S	G	M	D	X	V	D	R	A	C	I	R	N	I
M	E	R	A	N	I	E	D	P	A	I	L	I	X	A
D	I	S	T	R	I	B	Ú	C	I	A	A	M	U	T
K	V	A	P	A	L	I	N	A	B	R	R	U	A	F
Š	T	R	U	K	T	Ú	R	A	B	G	I	N	U	A
Y	W	A	I	D	V	L	P	A	R	C	D	A	L	N

UHOL
OS
KALKULÁCIA
KONŠTRUKCIA
DIAGRAM
PRIEMER
NAFTA
DISTRIBÚCIA
ENERGIA
SILA
PÁKY
KVAPALINA
STROJ
MERANIE
MOTOR
HĹBKA
POHON
ROTÁCIA
STABILITA
ŠTRUKTÚRA

30 - Énergie

E	P	Z	C	L	C	H	O	E	N	D	P	A	Z	T
Z	N	R	A	N	L	E	S	Y	M	E	I	R	P	U
N	G	T	O	V	I	L	A	P	O	J	O	E	E	R
E	V	Z	R	S	W	N	D	W	T	A	N	L	L	B
Č	O	O	J	O	T	R	H	I	O	D	D	E	E	Í
I	B	T	D	N	P	R	W	D	R	R	A	K	K	N
S	N	Y	V	Í	D	I	E	W	U	O	B	T	T	A
T	O	G	I	Z	K	P	A	D	A	V	A	R	R	T
E	V	I	E	N	Í	X	B	C	I	Ý	T	Ó	I	F
N	I	S	T	E	L	X	A	Z	Z	E	É	N	C	A
I	T	L	O	B	H	F	O	T	Ó	N	R	T	K	N
E	E	N	R	K	U	X	J	F	N	X	I	E	Ý	A
P	Ľ	K	M	V	Z	N	J	H	A	D	A	P	N	W
X	N	O	J	X	A	P	I	U	P	X	O	L	S	T
O	Ý	L	V	W	J	J	H	S	Z	L	S	O	T	D

BATÉRIA
UHLÍK
PALIVO
TEPLO
NAFTA
ENTROPIA
PROSTREDIE
BENZÍN
ELEKTRICKÝ
ELEKTRÓN
VODÍK
PRIEMYSEL
MOTOR
JADROVÝ
FOTÓN
ZNEČISTENIE
OBNOVITEĽNÝ
SLNKO
TURBÍNA
VIETOR

31 - Cuisine

L	U	O	A	J	G	W	F	U	N	W	I	R	C	J
G	Y	D	B	D	K	F	G	G	E	V	X	X	H	A
R	V	Ž	Ž	R	Á	H	O	P	W	N	H	U	L	R
I	I	P	I	B	Ú	A	K	Č	A	R	E	B	A	N
L	D	A	X	C	Á	S	Y	L	K	R	P	G	D	C
Z	L	L	Z	N	E	N	O	A	Č	Z	D	M	N	Y
M	I	I	N	O	F	U	U	K	I	V	Z	K	I	S
F	Č	Č	D	Ž	A	C	I	V	N	A	K	O	Č	A
B	K	K	W	E	L	F	V	U	Z	Z	D	R	K	N
W	Y	Y	T	L	L	J	U	N	A	Y	H	E	A	I
U	S	S	V	Z	R	E	G	O	R	K	P	N	R	I
N	J	H	Z	W	Z	D	X	N	M	F	N	I	Ú	V
R	E	C	E	P	T	L	H	U	B	K	A	E	R	W
I	E	B	J	V	L	O	I	Z	O	N	O	N	B	E
X	P	O	M	I	S	K	A	R	E	T	S	Á	Z	X

PALIČKY
MISKA
KANVICA
MRAZNIČKA
NOŽE
DŽBÁN
LYŽICE
KORENIE
HUBKA
RÚRA
VIDLIČKY
GRIL
NABERAČKA
JEDLO
JAR
RECEPT
CHLADNIČKA
OBRÚSOK
ZÁSTERA
POHÁR

32 - Corps Humain

K	U	Z	L	H	H	T	U	K	P	P	R	S	T	T
R	O	F	A	V	G	L	Z	E	E	R	Á	S	O	K
V	R	J	K	R	H	X	A	K	U	R	V	N	H	N
B	O	V	E	C	D	R	S	V	G	A	T	X	C	K
D	T	D	Ť	A	L	P	V	A	A	X	N	Y	U	O
O	F	H	S	I	F	A	Ž	A	L	Ú	D	O	K	H
R	H	I	U	N	R	S	U	B	G	Z	Y	L	O	K
H	G	L	Ľ	Ú	S	T	A	W	J	O	U	I	P	Y
U	A	U	E	J	Y	J	G	E	G	N	N	D	E	C
Z	B	Y	Č	Z	A	L	K	O	N	E	L	Č	R	M
R	A	M	E	N	O	H	R	D	Z	L	Z	Z	Y	L
H	T	B	R	A	D	A	K	X	L	O	X	E	I	N
V	H	J	F	H	P	Y	V	X	R	K	M	W	V	U
G	A	B	S	K	I	B	B	O	P	K	O	Ž	A	J
O	X	O	R	B	A	P	Z	N	Z	G	N	U	H	N

ÚSTA
MOZOG
ČLENOK
KRK
LAKEŤ
SRDCE
PRST
ŽALÚDOK
RAMENO
KOLENO

PERY
RUKA
ČEĽUSŤ
BRADA
NOS
UCHO
KOŽA
KRV
HLAVA
TVÁR

33 - Biologie

U	B	W	Y	A	K	N	U	B	I	J	B	N	N	K
F	J	M	W	A	N	Í	E	T	O	R	P	E	E	O
P	O	Y	S	Z	P	A	E	B	E	J	A	U	R	L
R	V	T	B	Ó	L	H	T	D	K	D	C	R	V	A
I	Ý	C	O	M	A	W	O	Ó	H	R	R	Ó	M	G
R	V	H	J	S	Z	Z	Z	R	M	P	C	N	M	É
O	B	R	B	O	Y	M	M	S	M	I	Z	V	U	N
D	A	O	Z	P	T	N	R	L	Y	Ó	A	X	T	C
Z	K	M	Ý	Z	N	E	T	M	M	C	N	Z	Á	L
E	T	O	U	Z	K	O	H	É	W	E	U	G	C	V
N	É	Z	E	M	B	R	Y	O	Z	V	E	D	I	I
Ý	R	Ó	G	B	H	I	B	X	R	A	N	O	A	U
F	I	M	L	Z	L	N	T	D	J	C	N	W	O	M
G	E	V	R	T	V	M	A	Z	Ó	I	B	M	Y	S
S	Y	N	A	P	S	I	A	A	U	C	I	T	B	T

ANATÓMIA
BAKTÉRIE
BUNKA
CHROMOZÓM
KOLAGÉN
EMBRYO
ENZÝM
VÝVOJ
HORMÓN
CICAVEC
MUTÁCIA
PRIRODZENÝ
NERV
NEURÓN
OSMÓZA
FOTOSYNTÉZA
PROTEÍN
PLAZ
SYMBIÓZA
SYNAPSIA

34 - Agronomie

O	Z	O	K	N	D	Y	Z	Z	R	J	S	J	C	I
P	R	O	S	T	R	E	D	I	E	Y	B	N	H	N
E	F	X	X	L	A	N	I	N	E	L	E	Z	O	U
L	N	B	O	V	I	J	O	N	H	X	O	D	R	Y
P	Z	E	H	D	C	Š	J	E	D	L	O	K	O	T
E	N	S	R	Y	Á	U	T	S	A	R	V	P	B	E
K	E	Y	H	G	K	T	M	U	K	S	Ý	V	Y	U
O	Č	S	T	A	I	H	I	A	D	O	V	J	X	V
L	I	T	A	O	F	A	D	Ô	P	O	V	F	L	E
Ó	S	É	M	A	I	Z	Ó	R	E	E	V	H	G	D
G	T	M	H	V	T	S	E	M	E	N	Á	A	S	A
I	E	Y	V	U	N	V	Ý	R	O	B	A	S	Ť	A
A	N	Z	N	X	E	A	V	I	D	I	E	C	K	Y
T	I	D	X	U	D	J	E	C	K	X	L	D	Y	O
K	E	A	T	Z	I	J	R	X	M	F	F	X	Z	O

RAST
VODA
HNOJIVO
PROSTREDIE
EKOLÓGIA
ENERGIA
ERÓZIA
ŠTUDOVAŤ
SEMENÁ
IDENTIFIKÁCIA
ZELENINA
CHOROBY
JEDLO
ZNEČISTENIE
VÝROBA
VÝSKUM
VIDIECKY
VEDA
PÔDA
SYSTÉMY

35 - Science

V	H	D	E	Z	V	E	J	U	W	H	F	F	J	M
N	N	T	O	G	W	M	Ó	T	A	W	R	Y	C	O
F	O	E	D	K	D	J	B	Z	H	I	C	X	E	L
D	Y	P	O	Z	O	R	O	V	A	N	I	E	M	E
H	A	Z	É	T	O	P	Y	H	V	L	L	D	I	K
F	M	U	I	R	Ó	T	A	R	O	B	A	L	N	U
V	O	W	T	K	M	A	V	V	P	V	D	K	E	L
Č	Ý	S	E	J	A	D	Ú	W	N	E	Ó	L	R	Y
A	K	V	Í	D	V	X	I	X	M	D	T	Í	Á	M
S	C	O	O	L	E	S	C	G	I	E	E	M	L	O
T	I	W	A	J	N	F	A	K	T	C	M	A	Y	X
I	M	F	R	T	N	E	M	I	R	E	P	X	E	F
C	E	G	R	A	V	I	T	Á	C	I	A	J	P	U
E	H	O	R	G	A	N	I	Z	M	U	S	H	T	E
I	C	G	P	O	T	B	U	S	W	K	H	Z	O	M

ATÓM
CHEMICKÝ
KLÍMA
ÚDAJE
EXPERIMENT
VÝVOJ
FAKT
FOSÍLNE
GRAVITÁCIA
HYPOTÉZA

LABORATÓRIUM
METÓDA
MINERÁLY
MOLEKULY
POVAHA
POZOROVANIE
ORGANIZMUS
ČASTICE
FYZIKA
VEDEC

36 - Vêtements

S	S	Z	K	N	X	E	D	E	K	F	B	S	B	C
T	N	Y	O	E	N	H	Ž	G	L	S	U	V	Z	O
X	G	M	M	D	X	Š	Í	A	O	S	N	E	F	X
P	Y	Ž	A	M	Á	A	N	M	B	A	D	T	P	N
E	F	G	R	K	W	T	S	A	Ú	N	A	E	U	O
K	D	A	Á	Z	N	Y	Y	Ľ	K	D	L	R	C	H
X	A	J	N	N	R	Á	M	E	J	Á	G	X	E	A
Z	Á	S	T	E	R	A	P	Š	V	L	M	N	C	V
M	Ó	D	A	J	U	E	F	O	W	E	S	B	I	I
B	L	Ú	Z	K	A	A	P	K	T	B	P	P	V	C
B	S	S	B	L	G	G	Y	P	L	Á	Š	Ť	A	E
P	Á	S	U	N	Á	H	R	D	E	L	N	Í	K	T
M	V	W	C	K	L	Z	B	O	I	N	R	H	U	X
Š	Á	L	J	O	Ň	E	Y	P	U	E	S	N	R	E
A	N	C	T	E	Z	A	A	W	I	O	J	U	E	U

NÁRAMOK
PÁS
KLOBÚK
TOPÁNKA
KOŠEĽA
BLÚZKA
NÁHRDELNÍK
ŠÁL
RUKAVICE
DŽÍNSY
SUKŇA
PLÁŠŤ
MÓDA
NOHAVICE
SVETER
PYŽAMÁ
ŠATY
SANDÁLE
ZÁSTERA
BUNDA

37 - Méditation

P	D	Y	M	S	Y	S	P	J	A	S	N	O	S	Ť
Ľ	E	S	Y	M	Z	M	O	L	T	L	Y	P	D	S
M	E	R	B	I	O	Y	K	Y	V	Á	N	O	Ý	O
B	I	P	S	V	K	X	O	Z	P	S	L	Z	C	N
P	N	E	O	P	L	U	J	D	O	K	Á	O	H	Č
Z	A	F	R	H	E	F	N	S	C	A	T	R	A	A
W	V	Z	D	B	Y	K	Ý	J	H	V	N	N	N	Ď
U	O	Ť	W	B	U	B	T	E	S	O	E	O	I	V
P	R	I	J	A	T	I	E	Í	S	S	M	S	E	Z
V	O	D	W	H	U	Y	I	U	V	Ť	X	Ť	J	K
G	Z	U	B	A	R	J	C	X	J	A	K	L	T	Z
P	O	B	B	V	D	T	Ó	D	F	B	T	M	I	G
F	P	E	K	O	A	X	M	O	K	D	M	O	C	S
S	G	R	R	P	N	K	E	H	J	U	U	S	H	E
I	D	P	S	Ú	C	I	T	W	J	H	S	N	O	G

PRIJATIE
POZORNOSŤ
POKOJNÝ
JASNOSŤ
SÚCIT
MYSEĽ
EMÓCIE
PREBUDIŤ
LÁSKAVOSŤ
VĎAČNOSŤ
NÁVYKY
MENTÁLNY
POHYB
HUDBA
POVAHA
POZOROVANIE
MIER
PERSPEKTÍVA
DÝCHANIE
TICHO

38 - Littérature

A	T	O	D	K	E	N	A	H	R	V	Ž	P	E	F
T	N	D	G	V	A	J	M	F	O	P	I	O	W	N
Y	J	A	Ó	L	Y	U	É	V	M	O	V	E	U	Z
A	J	V	L	F	J	R	T	D	Á	P	O	T	B	Y
F	G	V	A	Ý	W	K	W	O	N	I	T	I	E	Z
S	U	I	I	V	Z	D	R	T	R	S	O	C	L	M
R	A	S	D	E	J	A	A	B	E	U	P	K	E	W
M	O	O	H	O	R	U	I	H	V	M	I	Ý	T	L
E	U	Z	R	U	Ý	J	G	G	Á	T	S	S	R	X
T	G	Z	P	K	M	F	Ó	U	Z	Y	N	J	I	H
A	H	Y	W	R	N	A	L	X	B	R	M	Z	A	B
F	Y	Ň	E	S	Á	B	A	I	D	É	G	A	R	T
O	K	Y	D	M	Y	V	N	K	Y	B	X	J	W	E
R	D	V	L	E	I	N	A	N	V	O	R	O	P	B
A	Y	K	P	Š	T	Ý	L	Č	T	D	D	R	T	O

ANALÓGIA
ANALÝZA
ANEKDOTA
AUTOR
ŽIVOTOPIS
POROVNANIE
ZÁVER
POPIS
DIALÓG
BELETRIA
METAFORA
ROZPRÁVAČ
BÁSEŇ
POETICKÝ
RÝM
ROMÁN
RYTMUS
ŠTÝL
TÉMA
TRAGÉDIA

39 - Nourriture #1

C	N	A	V	Á	K	U	E	O	C	Š	G	J	F	S
W	Š	V	K	A	D	Ň	E	M	Č	A	J	A	I	K
C	A	K	V	E	I	L	O	P	U	L	P	H	T	X
B	I	R	O	K	U	C	S	G	M	Á	B	O	U	Š
K	X	M	V	R	J	H	Ä	G	S	T	T	D	N	P
Z	N	Ó	R	T	I	C	M	M	B	O	F	A	I	E
H	Y	E	J	V	A	C	I	I	N	D	Z	K	A	N
M	L	I	E	K	O	C	A	K	A	V	K	L	K	Á
I	X	A	V	A	Ť	Š	H	Ľ	O	S	L	A	Y	T
K	D	V	J	N	E	I	K	R	U	F	N	Z	K	E
J	Z	H	T	S	L	O	V	O	U	B	D	A	Z	D
A	C	E	Y	E	S	K	G	P	V	Š	I	B	X	Z
X	Y	C	X	C	M	H	V	A	A	D	K	C	L	K
K	P	A	P	M	A	L	J	Z	J	L	A	A	S	B
H	G	W	X	U	B	P	S	U	S	X	C	F	W	C

CESNAK
BAZALKA
KÁVA
ŠKORICA
MRKVA
CITRÓN
ŠPENÁT
JAHODA
ŠŤAVA
MLIEKO
KVAKA
CIBUĽA
JAČMEŇ
HRUŠKA
ŠALÁT
SOĽ
POLIEVKA
CUKOR
TUNIAK
MÄSO

40 - Jours et Mois

H	E	I	V	F	M	Z	M	O	F	A	Y	J	H	M
R	K	R	X	H	V	Ň	U	K	T	T	P	U	Ú	C
N	O	V	E	M	B	E	R	T	N	O	S	R	G	L
Ú	T	S	G	X	F	D	Á	Ó	E	B	S	Á	Í	R
J	R	M	T	K	Y	Ž	D	B	D	O	P	U	V	L
A	V	A	S	R	N	Ý	N	E	E	S	I	R	J	R
L	T	R	U	P	E	T	E	R	Ľ	A	C	B	J	U
T	Š	E	G	O	N	D	L	L	A	J	D	E	J	R
V	H	C	U	N	B	E	A	D	U	A	Y	F	Y	P
R	O	A	A	D	H	W	K	S	R	N	O	P	E	I
I	G	I	M	E	R	S	P	K	A	U	W	W	Z	A
H	J	S	C	L	K	I	U	Z	Y	Á	W	O	G	T
V	Y	E	K	O	R	O	T	U	C	R	T	E	D	O
A	A	M	T	K	S	E	P	T	E	M	B	E	R	K
Z	K	J	A	F	B	I	T	R	A	J	U	U	J	F

AUGUST
APRÍL
KALENDÁR
NEDEĽA
FEBRUÁR
JANUÁR
ŠTVRTOK
JÚL
JÚN
PONDELOK
UTOROK
MAREC
STREDA
MESIAC
NOVEMBER
OKTÓBER
SOBOTA
TÝŽDEŇ
SEPTEMBER
PIATOK

41 - Jardinage

D	B	F	Y	A	N	I	P	Š	J	S	K	B	K	K
Y	H	Ý	K	C	I	T	O	X	E	E	V	O	O	D
V	N	G	T	I	E	U	S	A	D	M	E	T	N	W
E	L	A	F	D	A	S	R	L	L	E	T	A	T	F
S	V	H	D	A	D	O	V	I	É	N	I	N	A	V
C	U	A	K	H	T	A	Z	S	M	Á	N	I	J	C
C	W	K	L	O	O	M	G	T	J	K	O	C	N	V
F	D	S	Y	X	S	P	J	D	V	E	V	K	E	T
K	R	F	E	T	H	Ť	H	Z	J	B	Ý	Ý	R	X
L	U	O	I	Z	I	G	H	D	M	P	H	K	K	Z
Í	H	M	T	K	Ó	C	X	G	W	C	N	K	E	P
M	Z	K	S	T	J	N	A	D	Ô	P	U	K	K	W
A	Y	V	Í	N	B	J	N	K	O	M	P	O	S	T
H	A	E	L	T	W	A	E	Y	N	X	R	K	D	S
O	T	T	T	P	B	G	K	V	Y	B	P	M	H	N

BOTANICKÝ
KYTICA
KLÍMA
JEDLÉ
KOMPOST
VODA
DRUH
EXOTICKÝ
LÍSTIE
LIST
KVET
KVETINOVÝ
SEMENÁ
VLHKOSŤ
KONTAJNER
SEZÓNNY
ŠPINA
PÔDA
HADICA
SAD

42 - Entreprise

R	O	Z	P	O	Č	E	T	D	K	W	W	G	Z	S
V	J	A	D	E	R	P	Z	R	O	S	F	J	A	P
M	T	G	O	K	R	D	U	C	S	O	I	R	M	O
G	M	G	H	P	Y	D	A	L	K	Á	N	Z	E	L
O	A	Y	C	V	S	Z	K	N	Z	T	A	E	S	O
S	E	O	B	E	P	R	I	L	A	J	N	C	T	Č
D	R	K	O	B	N	R	M	O	I	E	C	U	N	N
B	A	M	E	N	A	A	O	K	C	Z	I	V	Á	O
I	W	N	N	M	T	N	N	H	Í	A	E	J	V	S
M	S	D	E	R	A	V	O	T	T	I	X	S	A	Ť
K	U	T	W	A	I	C	K	A	S	N	A	R	T	Ú
T	O	V	Á	R	E	Ň	E	K	E	E	Y	H	E	R
K	P	R	Í	J	E	M	U	H	V	P	M	Y	Ľ	A
K	A	R	I	É	R	A	L	X	N	D	Z	A	U	D
M	U	N	X	N	N	Z	L	X	I	H	S	T	Z	C

PENIAZE
OBCHOD
ROZPOČET
ÚRAD
KARIÉRA
NÁKLADY
MENA
ZAMESTNÁVATEĽ
ZAMESTNANEC
SPOLOČNOSŤ
EKONOMIKA
FINANCIE
DANE
INVESTÍCIA
TOVAR
ZISK
PRÍJEM
TRANSAKCIA
TOVÁREŇ
PREDAJ

43 - Activités

U	C	N	E	X	I	H	Á	Š	K	X	O	O	T	L
V	I	E	I	Y	U	Ť	L	A	I	G	N	C	U	J
V	O	Ľ	N	Ý	Č	A	S	P	Z	T	H	I	R	E
O	L	L	A	C	W	C	E	O	W	B	I	Y	I	I
L	Z	V	T	P	R	F	M	J	N	C	R	E	S	N
O	Ú	E	Í	K	P	F	E	G	U	N	E	C	T	E
B	K	D	Č	D	C	P	R	A	N	B	I	H	I	Š
Y	M	J	U	Á	Z	O	B	R	A	Z	N	Č	K	E
R	T	K	E	M	P	V	P	N	F	C	E	N	A	T
R	E	L	A	X	Á	C	I	A	I	L	M	N	S	O
E	A	B	C	O	Z	A	Z	P	I	Z	U	F	E	P
Z	Á	H	R	A	D	N	Í	C	T	V	O	W	A	X
K	K	E	R	A	M	I	K	A	H	P	U	T	E	B
C	X	W	F	Z	Y	D	V	P	R	U	O	S	V	Y
E	Z	R	U	Č	N	O	S	Ť	Y	W	V	I	O	B

ČINNOSŤ
UMENIE
REMESLÁ
KEMP
KERAMIKA
LOV
ZRUČNOSŤ
ŠITIE
TANEC
ZÁUJMY
ZÁHRADNÍCTVO
HRY
ČÍTANIE
VOĽNÝ ČAS
KÚZLO
OBRAZ
RYBOLOV
POTEŠENIE
TURISTIKA
RELAXÁCIA

44 - Fleurs

O	V	Ď	X	K	J	K	O	T	S	Í	L	N	K	Y
O	J	Z	A	Ž	U	R	T	R	T	L	F	M	B	J
B	A	C	I	T	Y	K	M	U	G	M	F	T	H	V
O	F	J	L	U	E	Z	A	I	L	O	P	G	C	N
P	Ú	P	A	V	A	L	K	J	L	I	V	E	H	A
N	W	A	Ľ	U	P	V	I	X	R	P	P	Á	E	R
M	A	G	N	Ó	L	I	A	N	O	G	W	Á	N	C
R	C	H	F	L	R	E	I	T	A	I	J	R	N	I
W	I	P	C	C	J	X	R	J	A	Z	M	Í	N	S
E	N	V	I	H	B	A	E	D	I	H	C	R	O	C
F	Č	E	T	Y	F	Z	M	P	I	V	O	N	K	A
K	E	T	Š	I	B	I	U	P	J	V	Z	G	Z	Z
H	N	I	O	C	E	U	L	V	M	H	A	T	J	O
S	L	L	N	B	O	M	P	A	J	J	H	X	U	A
D	S	Z	W	Z	P	L	G	A	R	D	É	N	I	A

KYTICA
GARDÉNIA
IBIŠTEK
JAZMÍN
NARCIS
ORGOVÁN
ĽALIA
MAGNÓLIA
ORCHIDEA
MAK
LÍSTOK
PÚPAVA
PIVONKA
PLUMERIA
RUŽA
SLNEČNICA
ĎATELINA
TULIPÁN

45 - Nourriture #2

V	Č	N	U	Y	S	E	N	K	B	J	U	N	M	Y
G	B	E	I	L	H	C	N	W	L	B	H	B	Y	W
V	D	R	R	L	E	Y	O	B	J	U	T	A	I	B
A	D	Y	F	E	R	F	K	D	S	O	C	R	P	R
J	U	B	M	J	Š	O	L	I	T	D	Z	T	X	O
E	C	Y	K	N	O	Ň	B	O	Č	N	O	G	Z	K
C	C	R	I	N	U	R	A	A	O	G	N	A	M	O
N	Y	Z	V	Á	B	E	J	M	K	P	Á	T	K	L
E	E	K	I	Ž	T	V	S	Y	O	S	N	N	N	I
O	I	T	Z	A	Y	Z	D	E	L	R	A	U	V	C
N	E	L	E	L	D	N	A	M	Á	Y	B	R	Š	A
Z	I	I	L	K	C	L	F	D	D	Ž	B	P	U	G
O	Y	T	E	A	K	T	P	J	A	A	F	X	N	K
R	B	C	R	B	U	P	Š	E	N	I	C	A	K	K
H	U	B	A	P	A	R	A	D	A	J	K	A	A	R

MANDLE
BAKLAŽÁN
BANÁN
PŠENICA
BROKOLICA
ČEREŠŇA
ZELER
HUBA
ČOKOLÁDA
ŠUNKA
KIVI
MANGO
VAJEC
CHLIEB
RYBY
JABLKO
KURA
HROZNO
RYŽA
PARADAJKA

46 - Algèbre

Z	S	P	R	E	M	E	N	N	Ý	X	N	U	J	N
I	L	J	W	L	X	B	F	D	E	I	V	W	A	O
M	G	O	G	I	T	O	V	E	N	V	U	U	R	F
É	N	R	M	L	E	X	P	O	N	E	N	T	O	K
L	V	O	L	O	I	Z	Á	T	V	O	R	K	A	M
B	Z	T	Ž	C	K	N	Č	Í	S	L	O	G	F	A
O	O	K	N	S	R	V	E	I	N	E	Š	E	I	R
R	R	A	U	T	T	I	M	Á	E	W	Z	I	R	G
P	E	F	L	O	H	V	K	F	R	M	T	N	O	A
S	C	O	A	E	X	B	O	H	E	N	J	A	V	I
Z	J	E	D	N	O	D	U	Š	I	Ť	Y	T	N	D
N	E	K	O	N	E	Č	N	Ý	X	K	K	Í	I	H
M	A	T	I	C	A	B	D	U	B	U	Y	Č	C	Z
F	A	L	O	Š	N	Ý	O	N	C	L	G	D	E	D
M	O	G	R	A	F	G	S	L	T	X	C	O	G	Z

DIAGRAM
EXPONENT
ROVNICE
FAKTOR
FALOŠNÝ
VZOREC
ZLOMOK
GRAF
NEKONEČNÝ
LINEÁRNY
MATICA
ČÍSLO
ZÁTVORKA
PROBLÉM
MNOŽSTVO
ZJEDNODUŠIŤ
RIEŠENIE
ODČÍTANIE
PREMENNÝ
NULA

47 - Océan

M	N	H	J	V	M	E	D	Ú	Z	A	C	E	S	Z
J	X	C	D	O	E	D	A	Z	T	K	H	M	U	P
P	X	X	N	E	U	Ľ	L	Y	U	B	O	P	C	K
Y	R	U	V	I	L	Í	R	P	R	U	B	A	R	K
K	T	C	X	U	K	F	Z	Y	R	H	O	U	T	B
O	D	R	I	J	R	D	Í	Y	B	X	T	E	G	V
R	S	E	T	Ú	E	C	A	N	A	A	N	O	K	P
A	M	O	M	L	V	F	K	L	K	A	I	N	U	T
L	V	A	Ľ	S	E	R	A	V	G	K	C	Y	C	O
O	X	C	C	A	T	R	L	L	D	N	A	A	P	P
V	X	F	A	W	Y	B	Y	R	R	L	K	P	H	Y
T	G	X	M	Ž	R	A	L	O	K	O	R	O	H	Ú
K	O	R	Y	T	N	A	Č	K	A	Ď	Ú	X	R	E
Z	L	J	D	Z	L	Y	Y	G	F	Z	B	F	G	J
U	S	T	R	I	C	E	Y	A	C	G	R	T	P	X

ÚHOR
VEĽRYBA
LOĎ
KORALOV
KRAB
KREVETY
DELFÍN
HUBKA
USTRICE
PRÍLIV
MEDÚZA
RYBY
CHOBOTNICA
ŽRALOK
ÚTES
SOĽ
BÚRKA
TUNIAK
KORYTNAČKA
VLNY

48 - Antiquités

N	Á	B	Y	T	O	K	M	Y	W	N	E	I	M	A
J	V	E	Z	Z	M	Y	I	W	C	E	L	N	L	U
U	J	A	A	C	P	N	N	P	M	O	E	V	O	T
T	X	W	R	V	F	Z	C	B	L	B	G	E	K	E
S	I	H	B	O	R	H	E	T	Y	V	A	S	C	N
D	J	T	O	O	B	Z	W	H	N	Y	N	T	S	T
H	D	B	A	D	B	N	C	A	V	K	T	Í	D	I
S	A	U	N	I	N	P	O	E	Í	L	N	C	U	C
D	C	O	J	A	J	O	C	V	T	Ý	Ý	I	M	K
N	O	A	F	D	L	Ý	T	Š	A	C	B	A	E	Ý
K	V	A	L	I	T	A	E	A	R	S	Y	S	N	R
S	T	O	R	O	Č	I	E	U	O	U	O	P	I	A
G	A	L	É	R	I	A	I	C	K	U	A	C	E	T
C	E	N	A	F	P	Y	K	R	E	P	Š	R	H	S
I	G	U	L	F	X	G	A	T	D	T	B	D	B	A

UMENIE
AUTENTICKÝ
ŠPERKY
DEKORATÍVNY
AUKCIA
ELEGANTNÝ
GALÉRIA
NEOBVYKLÝ
INVESTÍCIA
NÁBYTOK
OBRAZY
MINCE
CENA
KVALITA
OBNOVA
SOCHA
STOROČIE
ŠTÝL
HODNOTA
STARÝ

49 - Boxe

X	Y	W	B	L	U	I	Ť	E	K	A	L	P	O	K
B	E	L	L	V	Y	O	S	R	Í	T	H	Ä	P	P
R	E	P	H	B	Z	B	O	Á	N	A	L	S	J	H
V	I	X	D	C	R	U	N	W	V	L	X	Ť	O	J
K	N	V	V	F	Ý	D	Č	V	O	I	D	E	O	N
V	E	E	R	S	D	R	U	C	J	S	A	L	X	G
R	V	T	Ú	R	C	E	R	D	O	H	Ť	G	B	R
I	O	J	E	N	I	P	Z	I	B	R	A	D	A	Z
T	N	Z	M	L	S	Ú	J	I	L	B	R	Z	I	Y
A	B	B	H	Y	O	S	E	L	P	J	E	W	N	F
B	O	D	Y	O	A	B	W	K	R	T	M	X	E	D
P	A	B	G	S	D	N	I	X	U	N	A	I	N	G
T	W	J	M	A	S	C	S	S	Z	K	Z	N	A	E
J	E	V	E	C	I	V	A	K	U	R	L	Z	R	P
V	Y	Č	E	R	P	A	N	Ý	X	Z	G	P	Z	S

SÚPER
ROZHODCA
ZRANENIA
BELL
RÚT
BOJOVNÍK
ZRUČNOSŤ
ZAMERAŤ
LANÁ
TELO
LAKEŤ
KOP
VYČERPANÝ
SILA
RUKAVICE
BRADA
PÄSŤ
BODY
RÝCHLY
OBNOVENIE

50 - Réchauffement Climatique

E	J	A	D	Ú	B	B	U	D	Ú	C	N	O	S	Ť
U	K	J	Z	J	L	I	V	F	E	R	X	T	C	T
Ť	S	O	N	R	O	Z	O	P	A	X	N	E	W	E
H	I	V	L	B	U	S	S	T	T	J	D	R	O	P
S	L	Ý	K	O	E	E	A	Z	O	R	A	A	V	L
U	B	V	I	P	G	G	H	Z	U	P	C	Z	H	O
P	C	B	S	J	V	I	E	N	E	R	G	I	A	T
G	G	B	S	U	W	X	C	E	D	E	V	Z	M	Y
P	L	Y	N	E	H	I	Ý	K	C	I	T	K	R	A
G	E	N	E	R	Á	C	I	E	Ý	O	B	U	I	D
K	Y	L	P	O	P	U	L	Á	C	I	E	K	N	Á
W	L	M	E	D	Z	I	N	Á	R	O	D	N	Ý	L
P	G	Í	P	R	I	E	M	Y	S	E	L	T	L	V
Z	P	O	M	L	E	G	I	S	L	A	T	Í	V	A
J	H	F	I	A	A	V	K	R	Í	Z	A	T	U	U

ARKTICKÝ
POZORNOSŤ
KLÍMA
KRÍZA
VÝVOJ
ÚDAJE
EKOLOGICKÝ
ENERGIA
BUDÚCNOSŤ
PLYN
GENERÁCIE
VLÁDA
BIOTOP
PRIEMYSEL
MEDZINÁRODNÝ
LEGISLATÍVA
TERAZ
POPULÁCIE
VEDEC
TEPLOTY

51 - Ballet

L	P	R	V	T	W	I	R	E	H	Z	T	X	I	T
B	Ý	Y	R	E	T	S	E	H	C	R	O	N	J	E
G	V	T	Ý	K	C	E	L	E	M	U	F	N	P	C
E	X	M	Š	P	T	P	U	T	R	Č	T	S	J	H
S	M	U	K	I	L	B	U	P	L	N	K	V	T	N
T	L	S	R	N	N	S	S	A	C	O	S	A	A	I
O	Y	Y	Ľ	B	Z	D	D	K	U	S	T	L	N	K
L	Y	K	S	E	L	T	O	P	Ú	Ť	I	Y	E	A
Ó	C	Y	F	W	T	I	D	D	Y	Š	W	J	Č	W
S	V	Y	Ý	N	B	A	V	Ô	P	C	K	U	N	C
N	V	X	C	G	L	O	D	Z	C	D	R	A	Í	V
C	H	O	R	E	O	G	R	A	F	I	A	B	C	Z
B	I	I	U	A	N	Í	R	E	L	A	B	D	I	L
I	N	T	E	N	Z	I	T	A	R	K	F	U	P	L
E	X	P	R	E	S	Í	V	N	Y	P	S	H	R	P

POTLESK
UMELECKÝ
BALERÍNA
CHOREOGRAFIA
ZRUČNOSŤ
SKLADATEĽ
TANEČNÍCI
EXPRESÍVNY
GESTO
PÔVABNÝ
INTENZITA
SVALY
HUDBA
ORCHESTER
PUBLIKUM
SKÚŠKA
RYTMUS
SÓLO
ŠTÝL
TECHNIKA

52 - Fruit

W	M	Z	X	H	R	N	G	Z	I	A	P	L	B	R
S	N	E	L	U	B	O	B	F	O	V	A	H	Y	M
A	Á	A	L	F	B	C	S	Z	N	O	P	R	Z	A
J	N	E	O	Ó	G	U	S	N	G	K	Á	O	K	F
G	A	B	H	A	N	I	L	A	M	Á	J	Z	K	J
N	B	B	A	R	D	T	R	U	H	D	A	N	I	T
M	S	A	L	C	U	F	M	O	E	O	C	O	V	C
B	M	Ň	B	K	V	Š	C	I	T	R	Ó	N	I	H
Z	B	Y	S	V	O	T	K	M	A	R	H	U	L	E
M	E	K	H	E	G	V	H	A	K	V	I	L	S	G
Y	P	S	S	Á	N	A	N	A	G	I	F	C	J	U
Ý	V	O	Ž	N	A	R	O	N	J	X	L	E	S	A
N	V	R	I	C	M	N	Č	E	R	E	Š	Ň	A	V
F	L	B	H	P	H	I	K	L	Z	K	P	Z	R	A
A	M	B	X	F	K	Z	J	D	H	T	U	R	S	A

MARHULE
ANANÁS
AVOKÁDO
BOBULE
BANÁN
ČEREŠŇA
CITRÓN
FIGA
MALINA
GUAVA
KIVI
MANGO
MELÓN
ORANŽOVÝ
PAPÁJA
BROSKYŇA
HRUŠKA
JABLKO
SLIVKA
HROZNO

53 - Musique

R	E	I	N	A	V	Á	R	H	A	N	U	I	S	S
Y	X	T	Á	K	L	A	S	I	C	K	Ý	Ý	P	Ú
T	J	E	S	P	O	E	T	I	C	K	Ý	K	I	L
M	C	M	T	H	U	D	O	B	N	Í	K	C	E	A
I	L	P	R	G	D	G	L	A	H	V	A	I	V	D
C	F	O	O	V	T	P	Y	Y	K	A	H	N	A	I
K	Z	E	J	X	V	I	R	G	A	T	B	O	Ť	B
Ý	M	Ť	A	V	O	Z	I	V	O	R	P	M	I	O
M	U	Z	I	K	Á	L	C	A	R	V	Z	R	E	P
T	K	Z	M	Á	D	B	K	D	L	Y	X	A	O	E
F	G	M	N	V	K	C	Ý	A	V	B	T	H	I	R
W	A	K	U	E	R	D	G	L	G	A	U	M	W	A
A	T	J	O	P	A	D	K	A	A	W	S	M	U	J
G	H	O	N	S	B	R	I	B	R	W	D	G	J	S
M	E	L	Ó	D	I	A	M	I	K	R	O	F	Ó	N

ALBUM
BALADA
SPIEVAŤ
SPEVÁK
KLASICKÝ
NAHRÁVANIE
SÚLAD
HARMONICKÝ
IMPROVIZOVAŤ
NÁSTROJ
LYRICKÝ
MELÓDIA
MIKROFÓN
MUZIKÁL
HUDOBNÍK
OPERA
POETICKÝ
RYTMUS
RYTMICKÝ
TEMPO

54 - Météo

V	N	R	O	T	E	I	V	X	G	E	O	T	T	A
H	A	S	D	P	B	T	Z	Á	Ý	U	W	R	J	T
K	H	G	Y	G	Y	A	B	E	N	T	N	O	K	M
D	Ú	H	A	X	Y	I	E	L	J	O	Á	P	L	O
D	F	T	P	S	N	Ú	Z	N	O	M	K	I	Í	S
D	H	U	H	M	L	A	J	R	K	R	I	C	M	F
X	R	Z	P	I	B	T	K	O	O	Y	R	K	A	É
G	B	P	O	S	V	O	A	R	P	R	U	Ý	O	R
W	O	K	L	U	A	L	R	T	Ú	M	H	S	Y	A
Ľ	A	D	Á	C	T	P	M	L	W	B	L	U	G	F
M	R	W	R	H	S	E	E	I	F	P	W	C	K	K
Y	F	F	N	O	I	T	O	H	R	O	M	H	H	S
S	C	R	Y	P	T	O	R	N	Á	D	O	Ý	I	B
M	R	Y	U	G	C	R	P	S	D	J	E	X	L	N
B	C	J	I	G	W	F	B	L	Y	R	U	F	M	A

DÚHA
ATMOSFÉRA
VÁNOK
HMLA
POKOJNÝ
NEBA
KLÍMA
ĽAD
MONZÚN
MRAK
HURIKÁN
POLÁRNY
SUCHÝ
SUCHO
TEPLOTA
BÚRKA
HROM
TORNÁDO
TROPICKÝ
VIETOR

55 - L'Entreprise

R	G	L	O	B	Á	L	N	Y	U	E	N	P	T	M
D	O	M	O	Ž	N	O	S	Ť	J	B	J	V	U	P
J	P	Z	P	R	I	E	M	Y	S	E	L	K	E	C
T	R	P	H	K	J	A	N	Ť	S	E	V	O	P	R
R	O	R	K	O	S	V	D	Á	K	I	Z	I	R	S
E	F	E	V	P	D	Y	K	T	O	N	D	E	J	P
N	E	Z	A	O	Y	N	V	Í	T	A	E	R	K	R
D	S	E	L	D	M	V	U	E	O	N	J	O	O	O
Y	I	N	I	N	J	Í	W	T	H	T	O	C	R	D
G	O	T	T	I	Í	T	N	P	I	S	R	O	K	U
T	N	Á	A	K	R	A	S	U	D	E	D	J	O	K
N	Á	C	Z	A	P	V	N	P	W	M	Z	I	P	T
J	L	I	H	N	N	O	O	A	M	A	P	M	T	O
T	N	A	B	I	R	N	I	V	D	Z	B	S	S	G
E	Y	Y	N	E	A	I	C	Í	T	S	E	V	N	I

PODNIKANIE
KREATÍVNY
ROZHODNUTIE
ZAMESTNANIE
GLOBÁLNY
PRIEMYSEL
INOVATÍVNY
INVESTÍCIA
MOŽNOSŤ
PREZENTÁCIA
PRODUKT
PROFESIONÁLNY
POKROK
KVALITA
ZDROJE
PRÍJMY
POVESŤ
RIZIKÁ
TRENDY
JEDNOTKY

56 - Gouvernement

Ý	N	D	O	R	Á	N	O	K	Á	Z	S	S	I	Z
N	E	W	P	T	L	V	A	I	E	P	Ú	T	K	A
J	Z	Y	K	S	N	A	I	Č	B	O	D	N	F	X
O	Á	R	Y	N	Á	Z	S	A	R	L	N	I	Z	K
K	V	P	T	A	R	P	U	L	S	I	Y	R	A	O
O	I	K	R	H	O	W	K	X	F	T	V	E	N	B
P	S	A	A	Á	D	C	S	T	N	I	A	Č	W	Č
I	L	Z	D	C	V	M	I	O	D	K	T	N	V	I
A	O	U	O	J	W	A	D	W	U	A	J	O	S	A
K	S	G	B	D	E	M	O	K	R	A	C	I	A	N
Š	Ť	R	O	V	N	O	S	Ť	J	P	C	A	S	S
W	T	R	L	P	S	B	E	P	W	I	Z	C	W	T
S	K	Á	S	H	Z	R	Y	Ú	S	T	A	V	A	V
P	K	S	T	S	Y	M	B	O	L	G	V	M	Y	O
A	R	G	P	A	M	Ä	T	N	Í	K	T	K	Z	E

OBČIANSTVO
OBČIANSKY
ÚSTAVA
DEMOKRACIA
REČ
DISKUSIA
PRÁVA
ROVNOSŤ
ŠTÁT
NEZÁVISLOSŤ
SÚDNY
SLOBODA
ZÁKON
PAMÄTNÍK
NÁROD
NÁRODNÝ
POKOJNÝ
POLITIKA
SYMBOL

57 - Randonnée

B	F	T	C	S	K	A	M	E	N	E	U	Z	W	F
S	U	M	M	I	T	G	V	M	D	U	W	T	U	F
D	Z	V	F	G	P	E	E	I	O	N	M	Y	M	E
I	V	N	T	P	M	M	R	A	H	A	V	O	P	D
H	N	Y	K	R	A	P	Á	S	R	V	Y	K	L	S
O	Z	M	L	G	F	Y	M	P	J	E	P	C	H	B
Z	R	Ž	E	T	N	Y	O	D	S	N	D	H	F	W
V	P	I	K	M	Z	E	K	Y	I	Ý	K	Ž	A	Ť
I	R	Č	E	S	N	V	L	T	C	V	A	S	J	K
E	Í	G	I	N	A	J	Í	H	A	Z	O	Z	U	E
R	P	U	S	W	T	V	M	Ú	H	N	K	K	M	M
A	R	V	A	C	I	Á	A	V	T	G	N	P	Ý	P
T	A	T	Č	X	T	Z	C	Z	R	E	L	L	M	E
Á	V	J	O	M	A	P	A	I	W	P	S	T	L	B
H	A	Z	P	V	R	C	H	C	A	D	O	V	R	X

ZVIERATÁ
ČIŽMY
KEMP
MAPA
KLÍMA
VODA
ÚTES
UNAVENÝ
ŤAŽKÝ
POČASIE
VRCH
KOMÁRE
POVAHA
ORIENTÁCIA
PARKY
KAMENE
PRÍPRAVA
DIVOKÝ
SLNKO
SUMMIT

58 - Art

E	T	V	I	Z	U	Á	L	N	Y	F	V	O	K	O
U	E	Z	P	P	A	K	U	A	Y	U	Y	B	O	S
D	M	Y	Z	V	A	Y	A	X	Y	R	T	R	M	O
K	D	O	F	Ý	N	M	I	R	P	Ú	V	Á	P	B
J	E	M	T	R	A	C	O	X	M	W	O	Z	L	N
K	R	R	M	A	H	C	O	S	Y	H	R	O	E	Ý
Z	P	G	A	Z	N	Y	B	W	B	E	I	K	X	N
Y	L	O	B	M	Y	S	D	J	E	C	Ť	H	N	Á
N	T	O	N	Ť	I	L	S	E	R	K	Y	V	É	L
U	S	Y	Ž	O	I	C	X	T	J	X	Z	F	O	A
J	O	Y	B	E	T	I	K	N	T	C	A	J	R	D
Y	D	G	R	O	N	L	E	Ý	F	J	R	I	T	A
E	K	N	D	T	A	I	Z	É	O	P	B	V	X	B
Z	H	O	C	A	L	K	E	Ý	N	D	O	V	Ô	P
S	U	R	R	E	A	L	I	Z	M	U	S	M	U	C

KERAMICKÝ
KOMPLEXNÉ
ZLOŽENIE
VYTVORIŤ
VYKRESLIŤ
VÝRAZ
OBRÁZOK
ÚPRIMNÝ
NÁLADA
PÔVODNÝ
OBRAZY
OSOBNÝ
POÉZIA
SOCHA
PREDMET
SURREALIZMUS
SYMBOL
VIZUÁLNY

59 - Nutrition

B	Ý	C	U	F	C	L	K	V	T	C	H	B	I	K
V	V	C	H	U	Ť	I	K	Y	I	P	M	I	N	O
E	A	T	É	I	D	Y	V	V	J	I	O	E	G	R
I	R	N	E	I	N	E	V	Á	R	T	T	L	R	E
N	D	Í	I	K	N	E	V	Ž	U	N	N	K	E	N
E	Z	X	P	L	U	P	T	E	B	X	O	O	D	I
S	H	O	R	K	Ý	T	E	N	O	O	S	V	I	E
A	A	T	C	E	A	T	I	Ý	F	O	Ť	I	E	Z
V	E	C	J	I	I	C	R	N	R	Z	Y	N	N	X
K	L	X	H	V	F	A	Ó	N	Y	S	S	Y	C	S
J	K	X	Z	A	T	I	L	A	V	K	D	Y	I	O
S	E	Z	F	R	R	B	A	C	G	Z	V	J	E	Z
C	S	D	U	D	E	I	K	V	I	T	A	M	Í	N
I	D	M	L	Z	O	Y	D	A	O	M	Á	Č	K	A
W	A	V	E	É	F	W	W	Y	A	E	C	S	A	S

HORKÝ
CHUŤ
KALÓRIE
JEDLÉ
DIÉTA
TRÁVENIE
KORENIE
VYVÁŽENÝ
KVASENIE
SACHARIDY
INGREDIENCIE
TEKUTINY
HMOTNOSŤ
BIELKOVINY
KVALITA
ZDRAVÝ
ZDRAVIE
OMÁČKA
TOXÍN
VITAMÍN

60 - Créativité

E	U	M	E	L	E	C	K	Ý	O	L	P	P	S	V
M	X	W	W	O	B	R	Á	Z	O	K	L	R	P	Ý
V	I	T	A	L	I	T	A	W	W	V	Y	E	R	R
V	Y	N	A	L	I	E	Z	A	V	Ý	N	D	A	A
B	D	T	P	X	A	X	S	R	K	B	U	S	V	Z
X	N	V	K	E	K	K	A	I	E	C	L	T	O	D
A	U	W	X	J	A	S	N	O	S	Ť	O	A	S	R
I	E	Y	N	N	Á	T	N	O	P	S	S	V	Ť	A
C	L	M	P	B	W	V	I	N	Z	U	Ť	I	V	M
Í	R	Z	Ó	O	G	I	T	Z	G	V	G	V	Í	A
U	J	Z	M	C	C	X	V	K	N	A	Y	O	Z	T
T	O	Z	U	U	I	I	V	X	L	E	N	S	I	I
N	Á	P	A	D	Y	E	T	W	T	A	T	Ť	E	C
I	I	N	Š	P	I	R	Á	C	I	A	Y	N	J	K
D	O	J	E	M	Z	R	U	Č	N	O	S	Ť	I	Ý

UMELECKÝ
PRAVOSŤ
JASNOSŤ
ZRUČNOSŤ
DRAMATICKÝ
VÝRAZ
EMÓCIE
PLYNULOSŤ
NÁPADY
OBRÁZOK
PREDSTAVIVOSŤ
DOJEM
INŠPIRÁCIA
INTENZITA
INTUÍCIA
VYNALIEZAVÝ
POCIT
SPONTÁNNY
VÍZIE
VITALITA

61 - Science Fiction

R	P	T	A	J	O	M	N	Ý	S	C	E	N	Á	R
E	L	C	A	R	O	W	U	R	O	S	J	S	P	F
A	A	C	I	U	C	O	K	A	R	U	L	X	L	A
L	N	T	M	S	U	Y	P	T	J	A	B	T	E	N
I	É	E	A	M	V	Ň	G	A	L	A	X	I	A	T
S	T	C	G	I	V	E	C	S	P	Y	Á	Y	K	A
T	A	H	I	L	Ý	H	T	I	G	I	V	F	D	S
I	U	N	N	Ú	B	O	G	J	K	H	O	I	L	T
C	T	O	Á	Z	U	E	X	T	R	É	M	N	Y	I
K	Ó	L	R	I	C	K	I	O	K	H	Ó	G	H	C
Ý	P	Ó	N	A	H	L	I	D	L	E	T	H	I	K
R	I	G	Y	Y	Z	B	R	N	X	N	A	I	N	Ý
V	A	I	K	Y	H	K	Y	T	O	B	O	R	K	R
F	A	A	F	U	T	U	R	I	S	T	I	C	K	Ý
N	H	G	D	O	U	U	X	Y	R	N	V	V	D	B

ATÓMOVÁ
KINO
VÝBUCH
EXTRÉMNY
FANTASTICKÝ
OHEŇ
FUTURISTICKÝ
GALAXIA
ILÚZIA
IMAGINÁRNY
KNIHY
SVET
TAJOMNÝ
ORACLE
PLANÉTA
REALISTICKÝ
ROBOTY
SCENÁR
TECHNOLÓGIA
UTÓPIA

62 - Professions #1

P	H	W	B	E	U	V	V	H	O	P	Z	T	S	A
S	U	K	I	N	V	Á	R	P	H	J	C	C	J	S
Y	C	E	N	A	L	S	Y	V	Ľ	E	V	K	X	T
C	L	H	Š	V	E	T	E	R	I	N	Á	R	M	R
H	E	E	T	K	L	A	V	I	R	I	S	T	A	O
O	K	T	A	R	H	R	L	G	C	B	I	K	G	N
L	Á	V	L	J	S	T	R	G	N	V	J	Y	X	Ó
Ó	R	K	A	Y	M	S	L	O	V	E	C	K	G	M
G	Z	Í	T	V	K	E	X	S	T	V	M	N	Ó	X
S	W	N	É	Z	A	S	D	T	X	I	E	E	L	U
B	Z	Č	R	Á	K	N	A	B	H	M	D	D	O	E
K	L	E	N	O	T	N	Í	K	K	J	Z	E	E	B
K	Í	N	B	O	D	U	H	T	K	R	A	Z	G	C
D	F	A	R	G	O	T	R	A	K	X	M	H	N	E
X	A	T	H	A	S	I	Č	T	R	É	N	E	R	P

VEĽVYSLANEC
ASTRONÓM
PRÁVNIK
BANKÁR
KLENOTNÍK
KARTOGRAF
LOVEC
TANEČNÍK
TRÉNER
EDITOR
GEOLÓG
SESTRA
LEKÁR
HUDOBNÍK
KLAVIRISTA
INŠTALATÉR
HASIČ
PSYCHOLÓG
VEDEC
VETERINÁR

63 - Géologie

K	O	N	T	I	N	E	N	T	I	Y	L	J	R	Z
V	R	S	T	V	A	K	R	E	M	E	Ň	A	O	Ó
V	O	S	T	A	L	A	K	T	I	T	M	S	Z	N
T	L	L	P	L	O	Š	I	N	A	G	I	K	T	A
H	Z	E	A	D	E	O	U	D	S	T	N	Y	A	R
L	A	B	P	R	Í	Z	J	E	G	S	E	Ň	V	F
F	H	Z	N	L	O	Y	P	A	G	G	R	A	E	I
A	K	Y	Z	Y	A	K	Z	A	C	S	Á	A	N	I
S	O	P	K	A	Ň	N	I	E	I	O	L	N	Ý	R
X	K	K	Y	S	E	L	I	N	A	Ľ	Y	C	L	Y
D	A	Y	U	J	M	D	F	L	P	E	S	X	A	R
E	D	R	W	G	A	H	F	Í	W	Á	F	X	V	T
J	L	Á	V	A	K	V	Z	S	I	O	V	V	O	F
K	R	Y	Š	T	Á	L	Y	O	C	R	P	I	V	U
G	J	Y	C	E	B	I	Z	F	E	R	Ó	Z	I	A

KYSELINA
VÁPNIK
JASKYŇA
KONTINENT
KORALOV
VRSTVA
KRYŠTÁLY
ERÓZIA
ROZTAVENÝ
FOSÍLNE
GEJZÍR
LÁVA
MINERÁLY
KAMEŇ
PLOŠINA
KREMEŇ
SOĽ
STALAKTIT
SOPKA
ZÓNA

64 - Jardin

G	T	E	V	K	H	A	D	I	C	A	K	S	T	P
A	I	R	Č	I	N	I	V	F	A	O	E	L	E	C
R	O	E	Á	N	M	H	R	A	B	L	E	P	Y	R
Á	G	K	I	V	L	D	W	K	T	J	X	L	B	G
Ž	L	Í	B	Á	A	J	U	Č	X	A	Z	O	I	I
M	X	N	X	R	D	A	S	I	S	N	P	T	H	N
H	C	B	H	T	A	I	G	V	K	Í	L	O	X	N
U	D	Y	N	C	R	A	L	A	W	L	A	K	L	B
F	L	R	B	M	H	B	R	L	P	O	D	K	C	U
J	R	B	E	E	Á	X	D	M	P	P	J	N	L	R
T	T	Y	I	N	Z	F	E	V	V	M	Ô	P	B	I
T	E	R	A	S	A	D	P	M	T	A	L	D	G	N
P	Z	S	W	X	O	D	E	Y	F	R	Y	H	A	Y
K	S	T	R	O	M	H	Y	S	L	T	X	S	Z	Y
H	O	J	D	A	C	I	A	S	I	E	Ť	P	T	Y

STROM
LAVIČKA
KER
PLOT
RYBNÍK
KVET
GARÁŽ
HOJDACIA SIEŤ
TRÁVA
ZÁHRADA
BURINY
LOPATA
TRÁVNIK
HRABLE
PÔDA
TERASA
TRAMPOLÍNA
HADICA
SAD
VINIČ

65 - Santé et Bien Être #1

U	V	V	J	Z	D	C	W	E	P	R	V	V	Z	Z
L	B	A	K	T	É	R	I	E	Z	J	Ý	Í	V	L
Z	G	L	U	N	M	E	E	K	I	D	Š	R	Y	O
P	R	K	O	Ž	A	L	O	T	O	N	K	U	K	M
S	T	A	Y	N	V	Í	T	K	A	S	A	S	L	E
D	Z	K	N	T	E	R	A	P	I	A	T	K	E	N
F	K	I	Ó	E	X	W	M	Ň	O	S	K	I	X	I
Y	G	N	M	X	N	T	W	E	O	R	U	Y	V	N
U	T	I	R	D	F	I	R	R	D	A	L	H	L	A
B	M	L	O	L	J	U	E	Á	G	I	B	D	Y	B
I	M	K	H	F	O	S	O	K	N	O	C	K	A	T
H	T	L	E	K	Á	R	W	E	U	H	G	Í	S	X
R	E	F	L	E	X	Z	Y	L	A	V	S	C	N	I
R	E	L	A	X	Á	C	I	A	B	Č	E	I	L	A
F	Y	A	F	Z	R	K	H	P	E	X	L	N	O	X

AKTÍVNY
BAKTÉRIE
ZRANENIE
KLINIKA
HLAD
ZLOMENINA
ZVYK
VÝŠKA
HORMÓNY
LEKÁR
MEDICÍNA
SVALY
KOSTI
KOŽA
LEKÁREŇ
RELAXÁCIA
REFLEX
TERAPIA
LIEČBA
VÍRUS

66 - Barbecues

V	S	O	Ľ	P	K	Y	D	E	B	O	T	E	L	M
E	R	Z	I	A	N	L	E	X	H	U	O	S	I	O
Č	W	O	I	R	P	Y	T	Á	L	A	Š	Z	R	H
E	Y	C	R	A	A	K	I	R	P	A	P	Y	G	T
R	B	V	I	D	B	O	H	Z	R	O	D	I	N	A
A	L	V	M	A	D	V	N	O	N	E	W	H	W	K
J	G	B	E	J	U	O	U	O	R	S	N	R	Y	Č
I	P	N	B	K	H	C	O	X	Ž	Ú	B	Y	A	Á
N	M	R	H	Y	E	I	D	G	S	E	C	A	I	M
K	Z	Y	I	Y	N	E	X	O	I	P	S	I	D	O
C	U	F	L	T	J	C	K	C	N	X	U	F	E	K
U	G	R	R	D	N	I	L	J	D	L	C	Y	C	E
S	T	N	A	Ľ	U	B	I	C	H	L	H	B	L	G
E	L	E	Z	V	P	N	Z	E	L	E	N	I	N	A
X	Z	U	R	M	N	U	M	E	H	L	A	D	O	P

HORÚCI
NOŽE
OBED
VEČERA
DETI
LETO
HLAD
RODINA
OVOCIE
GRIL
HRY
ZELENINA
HUDBA
CIBUĽA
PAPRIKA
KURA
ŠALÁTY
OMÁČKA
SOĽ
PARADAJKY

67 - Forêt Tropicale

D	X	G	N	N	Z	C	X	O	J	T	O	V	R	N
I	O	F	P	W	Z	A	H	M	Y	Z	B	T	X	P
H	A	M	M	A	C	H	C	C	E	C	N	Á	E	U
T	B	Z	O	P	H	U	N	H	R	E	O	K	A	Ť
H	X	B	M	R	Y	R	K	R	O	C	V	Y	E	A
H	P	G	P	I	O	D	N	Ô	B	V	A	Y	O	V
E	L	G	N	U	Ž	D	O	Z	O	A	A	Ý	K	O
P	X	L	J	O	E	H	Ý	N	T	C	M	N	S	T
D	O	D	A	J	M	N	R	O	A	I	Í	N	I	K
L	Y	V	J	P	D	H	K	R	N	C	L	E	Č	E
R	L	L	A	A	S	T	Z	O	I	E	K	C	O	P
P	E	K	Z	H	X	C	D	D	C	F	F	X	T	Š
S	Z	X	E	K	A	L	P	O	K	O	F	M	Ú	E
K	O	M	U	N	I	T	A	S	Ý	U	O	W	P	R
L	R	O	B	L	A	K	Y	Ť	D	Y	I	L	X	U

BOTANICKÝ
KLÍMA
KOMUNITA
RÔZNORODOSŤ
DRUH
DOMORODÝ
HMYZ
DŽUNGLE
CICAVCE

MACH
POVAHA
OBLAKY
VTÁKY
CENNÝ
ZACHOVANIE
ÚTOČISKO
REŠPEKTOVAŤ
OBNOVA

68 - Ferme #1

S	D	G	I	S	X	Ň	X	R	Z	P	K	P	O	T
P	E	A	K	H	B	Ô	V	M	I	P	O	O	D	J
E	E	N	M	A	Č	K	A	Ž	Y	R	F	L	R	P
E	O	S	O	P	S	Y	N	S	A	B	R	E	V	I
B	I	Z	Ó	N	J	W	A	X	K	T	V	R	W	P
U	D	K	N	I	W	K	O	Z	A	N	A	R	V	W
O	U	P	V	V	O	B	W	I	D	E	M	Á	B	A
E	U	O	E	W	E	K	P	Z	O	J	V	M	U	M
P	I	H	N	O	J	I	V	O	V	R	G	O	R	B
L	W	T	N	K	A	C	A	L	E	Č	V	S	Y	R
O	L	E	F	J	X	K	F	S	E	O	K	E	Y	D
T	X	F	Z	M	S	K	U	R	A	V	A	R	K	T
I	N	B	M	K	M	L	N	S	Ľ	R	P	N	L	V
Z	H	J	K	Ŕ	D	E	Ľ	W	E	L	P	G	G	T
G	I	G	K	Z	J	J	I	V	T	A	G	E	I	Y

VČELA
SOMÁR
BIZÓN
POLE
MAČKA
KÔŇ
KOZA
PES
PLOT
PRASA
VRANA
VODA
HNOJIVO
SENO
MED
KURA
RYŽA
KŔDEĽ
KRAVA
TEĽA

69 - Café

K	Z	X	M	K	G	P	E	N	Č	V	W	H	H	N
I	E	T	L	V	D	V	Y	Z	I	W	B	V	B	T
L	X	H	I	A	D	O	V	J	E	M	U	K	C	B
I	Y	G	E	P	O	G	U	A	R	Á	H	O	P	E
F	G	N	Ť	A	V	T	H	I	N	F	V	R	F	D
M	J	B	S	L	Ô	P	B	O	Y	P	I	Ť	T	C
C	L	R	B	I	P	E	A	N	E	C	R	E	T	O
H	K	I	C	N	W	Z	B	R	K	O	F	E	Í	N
U	N	F	E	A	J	K	C	E	Ó	O	Z	C	B	Á
Ť	Á	O	Ý	K	R	O	H	T	U	M	L	U	N	R
N	P	T	L	N	O	A	X	L	L	D	A	K	X	U
L	O	P	K	I	H	V	Y	I	J	I	C	O	C	F
G	J	U	W	R	G	V	O	F	N	V	I	R	I	H
N	M	Y	D	G	É	K	K	Y	S	L	Ý	N	E	N
M	U	U	L	Y	K	M	J	C	S	D	N	P	G	E

KYSLÝ
HORKÝ
ARÓMA
PIŤ
NÁPOJ
KOFEÍN
KRÉM
VODA
FILTER
MLIEKO
KVAPALINA
RÁNO
MLIEŤ
ČIERNY
PÔVOD
CENA
CHUŤ
CUKOR
POHÁR

70 - Antarctique

T	R	I	E	J	Ľ	T	J	Y	O	S	Z	S	V	P
O	M	U	I	F	G	A	E	C	T	I	Á	O	Ý	O
V	S	Ý	D	L	H	D	D	P	A	O	L	Z	S	L
T	E	T	E	R	W	O	A	O	L	U	I	H	K	O
Á	X	A	R	O	Y	V	Ľ	V	V	O	V	Y	U	S
K	P	N	T	O	R	M	M	E	S	C	T	Y	M	T
Y	E	L	S	T	V	H	E	Ľ	Z	V	E	A	N	R
M	D	A	O	M	S	Y	G	R	M	D	Z	N	Í	O
I	Í	K	R	B	A	L	X	Y	P	G	Z	A	K	V
G	C	S	P	P	R	Á	Y	B	I	D	W	R	I	N
R	I	S	L	B	B	R	U	Y	W	C	Z	H	R	N
Á	A	U	Ý	K	C	E	D	E	V	U	A	C	U	L
C	M	E	T	V	T	N	E	N	I	T	N	O	K	M
I	E	P	K	M	A	I	F	A	R	G	O	E	G	H
A	H	W	X	B	Y	M	Z	Z	K	V	T	J	B	P

ZÁLIV
VEĽRYBY
VÝSKUMNÍK
OCHRANA
KONTINENT
VODA
PROSTREDIE
EXPEDÍCIA
GEOGRAFIA
ĽAD
ĽADOVCE
OSTROVY
MIGRÁCIA
MINERÁLY
VTÁKY
POLOSTROV
SKALNATÝ
VEDECKÝ
TEPLOTA

71 - Professions #2

K	N	I	H	O	V	N	Í	K	B	I	O	L	Ó	G
I	H	N	O	V	I	N	Á	R	D	L	G	H	A	A
N	V	Ý	S	K	U	M	N	Í	K	C	V	A	F	T
Ž	A	S	T	R	O	N	A	U	T	D	X	I	I	S
I	F	I	L	O	Z	O	F	I	L	B	I	T	O	I
N	U	C	Z	S	S	A	C	Z	E	L	Á	N	Y	V
I	P	I	L	O	T	Z	T	L	K	K	D	E	N	G
E	J	P	A	I	F	Á	D	H	Á	O	P	W	C	N
R	W	A	N	R	A	H	J	E	R	N	W	C	J	I
M	A	L	I	A	R	R	U	R	T	E	C	J	D	L
H	X	V	M	L	G	A	Á	E	Ľ	E	T	I	Č	U
K	D	A	P	I	O	D	L	B	B	I	K	R	G	P
I	X	S	L	T	T	N	A	P	U	O	C	T	X	A
W	G	J	R	T	O	Í	V	A	Z	Z	C	I	Í	Y
M	J	V	H	I	F	K	C	H	I	R	U	R	G	V

ASTRONAUT
KNIHOVNÍK
BIOLÓG
VÝSKUMNÍK
CHIRURG
ZUBÁR
DETEKTÍV
UČITEĽ
INŽINIER
VYNÁLEZCA
ZÁHRADNÍK
NOVINÁR
LINGVISTA
LEKÁR
MALIAR
FILOZOF
FOTOGRAF
PILOT

72 - Les Abeilles

R	J	H	K	A	V	G	F	V	N	O	L	O	Y	K
O	L	E	M	N	O	L	A	B	E	V	S	K	O	V
K	V	E	T	Y	S	B	L	V	G	O	L	S	E	E
D	K	L	C	I	K	I	C	D	N	C	N	K	M	T
V	P	R	O	S	P	E	Š	N	Ý	I	K	R	E	D
M	E	D	L	M	O	T	L	J	G	E	O	Í	K	Y
Ť	S	O	D	O	R	O	N	Z	Ô	R	J	D	O	M
J	Ú	A	E	H	A	B	I	T	A	T	N	L	S	E
G	A	Ľ	J	Y	F	K	D	Z	N	D	D	A	Y	W
D	A	E	R	O	E	Z	N	Y	Á	O	L	Z	S	C
W	S	P	U	P	R	S	Z	M	Z	H	U	Y	T	J
O	U	K	Y	M	I	X	S	H	J	U	R	Z	É	R
R	A	S	T	L	I	N	Y	C	V	C	Z	A	M	S
K	R	Á	Ľ	O	V	N	Á	K	S	F	D	L	D	H
Y	E	U	V	E	Z	T	N	P	E	X	G	W	K	A

KRÍDLA
PROSPEŠNÝ
VOSK
RÔZNORODOSŤ
ROJ
EKOSYSTÉM
KVET
KVETY
OVOCIE
DYM
HABITAT
HMYZ
ZÁHRADA
MED
JEDLO
RASTLINY
PEĽ
KRÁĽOVNÁ
ÚĽ
SLNKO

73 - Santé et Bien Être #2

H	V	I	T	A	M	Í	N	O	V	H	W	D	F	O
S	Y	D	X	P	O	O	N	F	D	O	L	E	T	B
N	P	G	M	F	E	B	Y	S	Z	N	E	H	A	N
V	A	C	I	N	C	O	M	E	N	Y	I	Y	N	O
A	I	C	K	E	F	N	I	J	I	R	R	D	A	V
A	Y	Ť	S	O	N	T	O	M	H	D	Ó	R	T	E
G	K	U	K	V	B	A	I	G	R	E	L	A	Ó	N
E	N	E	R	G	I	A	M	K	J	S	A	T	M	I
C	Y	J	N	D	Ž	Á	S	A	M	V	K	Á	I	E
H	S	R	K	O	O	V	E	D	A	X	R	C	A	X
O	X	B	R	R	Z	D	R	A	V	Ý	V	I	P	D
R	B	G	B	A	S	H	T	X	I	G	H	A	Z	B
O	I	U	L	V	G	I	S	F	Ž	G	Z	H	K	P
B	G	E	N	E	T	I	K	A	Ý	L	O	K	M	F
A	M	N	E	C	H	U	Ť	X	V	F	N	B	V	E

ALERGIA
ANATÓMIA
CHUŤ
KALÓRIE
TELO
DEHYDRATÁCIA
ENERGIA
GENETIKA
NEMOCNICA
HYGIENA
INFEKCIA
CHOROBA
MASÁŽ
VÝŽIVA
HMOTNOSŤ
OBNOVENIE
ZDRAVÝ
KRV
STRES
VITAMÍN

74 - Conduite

N	R	I	N	C	W	S	K	O	M	U	V	Y	N	S
Á	D	C	U	I	E	K	U	W	O	G	A	D	G	D
K	P	U	Y	P	I	W	L	M	T	N	A	Z	P	R
L	E	O	A	D	O	H	E	N	O	Y	T	R	J	T
A	Š	U	Ť	V	S	F	N	M	C	L	S	B	Á	P
D	E	M	S	T	A	A	U	I	Y	P	E	Y	Y	Ž
N	J	M	O	T	O	R	T	G	K	R	C	T	O	O
É	U	K	L	Z	V	A	P	W	E	E	W	M	A	L
A	L	P	H	P	I	X	U	O	L	P	M	A	P	A
U	I	Z	C	S	L	E	J	T	D	R	C	I	P	X
T	C	R	Ý	P	A	D	H	K	O	A	W	C	G	C
O	A	Y	R	W	P	F	K	E	H	V	J	Í	X	F
B	E	Z	P	E	Č	N	O	S	Ť	A	N	L	V	R
L	I	C	E	N	C	I	A	S	Y	N	R	O	J	B
P	V	S	M	Y	Y	M	B	B	S	A	T	P	I	Z

NEHODA
NÁKLADNÉ AUTO
PALIVO
MAPA
BRZDY
GARÁŽ
PLYN
LICENCIA
MOTOR
MOTOCYKEL
PEŠEJ
POLÍCIA
CESTA
ULICA
BEZPEČNOSŤ
DOPRAVA
PREPRAVA
TUNEL
RÝCHLOSŤ
AUTO

75 - Plantes

K	X	O	S	L	U	X	A	A	I	K	V	E	T	I
O	L	H	X	Í	V	E	G	E	T	Á	C	I	A	Y
R	R	R	T	S	U	G	S	H	P	X	Z	J	N	S
E	O	H	B	T	I	Y	K	A	K	T	U	S	P	T
Ň	S	E	D	O	E	F	N	L	Í	S	T	I	E	O
V	A	F	B	K	O	B	A	R	Ó	L	F	M	W	N
B	O	B	U	L	E	O	T	Z	S	M	L	X	Y	K
S	D	E	R	X	L	T	Č	N	U	L	A	E	H	A
T	I	G	R	W	L	A	E	H	B	Ľ	D	C	S	V
R	R	Z	F	Z	J	N	R	N	M	I	A	T	H	Á
O	O	C	D	U	S	I	B	O	A	D	R	N	G	R
M	P	N	L	P	I	K	S	J	B	N	H	F	D	T
Z	S	X	S	H	O	A	P	I	L	M	Á	K	N	K
D	A	L	W	T	L	E	C	V	B	J	Z	Z	I	C
R	W	C	K	E	R	I	X	O	M	M	F	O	I	H

STROM
BOBULE
BAMBUS
BOTANIKA
KER
KAKTUS
HNOJIVO
LÍSTIE
KVET
FLÓRA
LES
FAZUĽA
TRÁVA
ZÁHRADA
BREČTAN
MACH
LÍSTOK
KOREŇ
STONKA
VEGETÁCIA

76 - Ferme #2

I	I	F	J	A	Č	M	E	Ň	K	C	E	I	J	B
H	Z	M	A	P	H	T	Ú	Ľ	U	O	J	Y	A	R
H	J	H	S	R	Z	V	C	V	K	Z	D	K	H	A
C	E	E	V	K	M	Z	N	I	U	B	Y	V	Ň	A
Á	U	J	C	B	P	Á	S	R	R	B	T	N	A	W
T	R	A	K	T	O	R	R	E	I	C	O	V	O	A
A	J	C	K	Z	H	P	L	C	C	O	V	C	E	N
R	G	I	Y	Ú	M	A	P	K	A	I	N	N	P	I
E	L	N	D	Y	L	P	A	S	T	I	E	R	D	N
I	S	E	Z	A	V	L	A	Ž	O	V	A	N	I	E
V	E	Š	M	A	F	O	C	G	K	P	O	Y	L	L
Z	V	P	G	L	E	L	I	X	E	Y	L	L	H	E
S	T	O	D	O	L	A	Č	C	I	H	D	A	S	Z
W	A	I	T	H	C	C	A	M	L	F	E	X	M	F
X	P	F	B	L	P	T	K	P	M	B	J	V	I	A

JAHŇA
FARMÁR
ZVIERATÁ
PASTIER
PŠENICA
KAČICA
OVOCIE
STODOLA
ZAVLAŽOVANIE
MLIEKO
LAMA
ZELENINA
KUKURICA
OVCE
JEDLO
JAČMEŇ
LÚKA
ÚĽ
TRAKTOR
SAD

77 - Vacances #2

P	R	E	P	R	A	V	A	T	S	E	C	H	N	D
X	E	C	R	D	P	M	E	K	F	B	C	G	J	C
R	Z	G	O	O	A	C	U	D	Z	I	N	E	C	N
C	E	W	H	L	M	S	J	R	W	X	A	R	K	Y
Y	H	Z	G	I	U	T	D	E	A	A	T	E	P	D
M	K	D	E	D	P	I	K	K	V	T	S	Š	E	O
V	R	W	L	R	U	B	U	B	B	C	E	T	L	V
O	O	W	N	X	V	H	O	T	E	L	K	A	K	O
R	K	Ľ	H	C	Ž	Á	L	P	S	R	U	U	T	L
T	S	E	N	Y	J	J	C	R	E	G	S	R	S	E
S	I	I	H	Ý	S	A	X	I	K	B	M	Á	O	N
O	T	C	L	W	Č	K	G	K	E	Z	S	C	F	K
P	E	S	U	B	S	A	P	O	R	H	I	I	P	A
T	L	F	T	B	W	L	S	V	Í	Z	A	A	M	Y
H	L	A	B	M	V	V	O	U	V	X	Y	N	S	L

LETISKO
KEMP
MAPA
CIEĽ
CUDZINEC
HOTEL
OSTROV
VOĽNÝ ČAS
MORE
PAS
PLÁŽ
REŠTAURÁCIA
REZERVÁCIE
TAXI
STAN
VLAK
PREPRAVA
DOVOLENKA
VÍZA
CESTA

78 - Éthique

R	O	Z	U	M	N	Ý	P	S	I	T	H	B	G	R
S	U	M	Z	I	M	I	T	P	O	J	C	X	L	N
M	Ú	D	R	O	S	Ť	G	O	V	T	S	D	U	Ľ
A	T	F	S	U	M	Z	I	L	A	E	R	Y	B	P
X	Ť	R	S	U	M	Z	I	U	R	T	L	A	E	O
T	S	N	P	E	D	G	F	P	W	B	A	I	N	C
H	O	C	U	E	B	V	P	R	Z	D	G	N	E	T
H	N	L	I	H	Z	K	J	Á	J	N	E	T	V	I
O	J	Y	E	F	U	L	H	C	C	V	R	E	O	V
D	O	L	V	R	F	O	I	A	T	Z	T	G	L	O
N	T	T	N	G	A	P	T	V	G	A	Y	R	E	S
O	S	E	F	V	D	N	I	P	O	I	R	I	N	Ť
T	Ô	E	Ý	V	I	T	C	Ú	R	S	S	T	T	E
Y	D	K	C	R	I	E	Ú	I	G	F	Ť	A	N	N
L	Á	S	K	A	V	O	S	Ť	A	K	A	W	Ý	U

ALTRUIZMUS
BENEVOLENTNÝ
SÚCIT
SPOLUPRÁCA
DÔSTOJNOSŤ
LÁSKAVOSŤ
POCTIVOSŤ
ĽUDSTVO
INTEGRITA
OPTIMIZMUS
TRPEZLIVOSŤ
ROZUMNÝ
ÚCTIVÝ
REALIZMUS
MÚDROSŤ
TOLERANCIA
HODNOTY

79 - Temps

E	I	Č	O	R	O	T	S	T	P	D	E	Ň	Z	O
I	K	I	O	N	Á	R	Y	Ý	T	Z	N	F	E	B
T	A	G	P	S	F	S	I	Ž	Z	X	P	N	I	U
L	E	J	X	T	K	U	I	D	I	P	H	J	Č	D
Y	A	R	C	P	X	O	F	E	D	U	S	B	O	Ú
R	O	K	A	F	N	X	R	Ň	P	Y	E	Z	R	C
X	D	L	I	Z	O	P	Z	O	S	I	M	S	Ť	N
P	S	C	S	Y	C	U	O	M	I	N	Ú	T	A	O
K	A	L	E	N	D	Á	R	L	H	M	S	W	S	S
E	N	J	M	I	G	Y	T	N	U	X	W	L	E	Ť
E	I	Y	R	D	V	Č	E	R	A	D	Ý	T	D	O
O	D	M	Z	O	U	J	M	V	V	E	N	C	J	M
M	O	I	J	H	A	X	S	F	L	R	Č	I	G	D
C	H	V	Z	E	G	U	T	M	X	P	O	T	E	X
Z	E	I	E	N	G	L	G	A	V	P	R	O	M	K

ROK
ROČNÝ
PO
PRED
ČOSKORO
KALENDÁR
DESAŤROČIE
BUDÚCNOSŤ
HODINA
VČERA
HODINY
DEŇ
TERAZ
RÁNO
POLUDNIE
MINÚTA
MESIAC
NOC
TÝŽDEŇ
STOROČIE

80 - Maison

Z	N	M	L	G	F	V	B	S	K	N	I	A	U	X
U	Á	C	C	S	B	Y	R	M	N	B	V	Z	G	F
F	Y	H	E	M	E	T	L	A	I	Y	A	T	B	E
P	F	O	R	K	Ľ	Ú	Č	E	Ž	Á	R	A	G	A
O	N	K	E	A	A	G	S	W	N	L	O	S	N	P
D	Z	N	B	H	D	S	T	E	I	P	O	I	N	M
K	Á	O	O	C	Z	A	R	M	C	X	L	D	W	A
R	C	U	K	R	A	Ň	E	L	A	Y	D	O	J	L
O	L	Y	S	P	V	Y	C	P	N	S	A	L	T	Y
V	O	R	T	S	P	H	H	M	E	D	K	R	B	O
I	N	X	R	K	P	C	A	A	T	V	R	I	J	O
E	Y	N	O	L	C	U	E	N	S	E	Z	B	Y	E
B	G	J	P	B	V	K	N	J	P	R	M	J	M	H
M	H	V	D	J	X	G	O	C	W	E	B	Z	K	H
R	W	N	B	C	N	U	X	F	V	Y	D	H	I	S

METLA
KNIŽNICA
IZBA
KRB
KĽÚČE
PLOT
KUCHYŇA
SPRCHA
OKNO
GARÁŽ
PODKROVIE
ZÁHRADA
LAMPA
ZRKADLO
STENA
STROP
DVERE
ZÁCLONY
KOBEREC
STRECHA

81 - Légumes

J	A	T	D	P	A	Ý	N	W	V	D	U	R	A	P
C	D	H	M	R	K	V	A	F	F	K	M	B	V	A
G	Š	D	A	F	R	O	V	Z	Á	Z	S	U	Z	R
H	C	A	R	H	O	V	P	E	C	G	Y	R	Y	A
V	V	C	L	N	H	I	Y	K	A	N	S	E	C	D
J	Y	I	W	Á	U	L	H	U	B	A	B	Ď	R	A
I	S	L	S	Ž	T	O	A	Z	P	A	G	K	D	J
F	T	O	J	A	P	B	L	R	X	V	N	O	F	K
K	M	K	M	L	P	E	C	P	T	L	J	V	X	A
S	I	O	P	K	I	H	T	A	C	I	V	K	E	T
M	W	R	M	A	F	V	Á	R	E	K	Č	A	J	A
J	B	B	A	B	I	O	N	E	Ž	X	O	O	H	W
K	V	A	K	A	T	W	E	L	A	L	Z	P	K	I
C	I	B	U	Ľ	A	Y	P	E	F	D	E	F	R	M
Š	A	L	O	T	K	A	Š	Z	F	L	J	N	J	Y

CESNAK
ARTIČOK
BAKLAŽÁN
BROKOLICA
MRKVA
ZELER
HUBA
TEKVICA
UHORKA
ŠALOTKA
ŠPENÁT
ZÁZVOR
KVAKA
CIBUĽA
OLIVOVÝ
PETRŽLEN
HRACH
REĎKOVKA
ŠALÁT
PARADAJKA

82 - Famille

O	V	C	T	M	D	E	T	I	J	G	P	M	F	F
K	T	J	R	A	K	T	A	M	F	Y	A	A	C	E
D	B	E	Z	T	D	C	É	R	A	P	N	N	N	K
E	R	W	C	I	S	Y	N	O	V	E	C	Ž	M	J
D	A	R	D	E	D	I	E	Ť	A	B	Z	E	E	S
W	T	B	M	K	O	D	E	R	P	E	V	L	K	I
O	T	C	O	V	S	K	É	H	N	D	O	K	K	U
B	R	A	T	R	A	N	E	C	F	L	Y	A	T	Y
H	N	E	T	A	T	B	W	M	R	H	S	N	R	V
H	D	J	U	S	E	V	R	U	P	E	N	E	R	X
R	I	E	L	L	T	U	P	N	N	K	X	Y	K	H
L	E	Ž	N	A	M	R	E	R	J	R	C	W	A	C
O	V	T	S	T	E	D	Ý	C	N	I	V	X	S	D
R	J	S	E	S	T	R	A	K	Č	I	B	A	B	S
E	I	H	W	N	N	X	M	R	O	U	P	Y	C	J

PREDOK
BRATRANEC
DETSTVO
DIEŤA
DETI
MANŽELKA
DCÉRA
BRAT
BABIČKA
DEDKO
MANŽEL
MATIEK
MATKA
SYNOVEC
NETER
STRÝKO
OTCOVSKÉ
OTEC
SESTRA
TETA

83 - Oiseaux

L	B	B	N	P	I	E	P	P	E	L	I	K	Á	N
M	K	O	S	J	C	C	Š	A	O	D	E	H	P	X
E	V	H	C	A	N	B	T	U	X	J	I	E	U	M
W	G	U	C	I	D	L	R	R	B	M	L	W	R	P
V	M	V	I	W	A	M	O	Y	K	L	X	D	E	I
Z	M	M	T	K	K	N	S	U	H	X	N	E	Y	C
R	E	T	M	X	J	H	O	L	U	B	I	C	A	A
T	U	Č	N	I	A	K	O	W	L	E	Z	E	N	U
X	C	R	U	I	Č	X	R	E	A	N	Y	J	W	I
P	D	P	Z	N	P	J	O	E	B	H	I	A	P	N
O	D	Á	M	U	C	I	L	B	U	J	O	V	T	D
I	K	V	K	A	Č	I	C	A	Ť	E	D	L	D	X
H	C	E	B	A	R	V	R	A	N	A	S	W	U	J
K	T	U	K	A	N	U	V	O	L	A	V	K	A	B
K	U	K	U	Č	K	A	K	P	A	P	A	G	Á	J

OROL
PŠTROS
KAČICA
BOCIAN
HOLUBICA
VRANA
KUKUČKA
LABUŤ
VOLAVKA
TUČNIAK
VRABEC
ČAJKA
VAJEC
HUS
PÁV
PAPAGÁJ
PELIKÁN
HOLUB
KURA
TUKAN

84 - Disciplines Scientifiques

B	I	O	L	Ó	G	I	A	B	Y	A	P	K	M	T
E	K	O	L	Ó	G	I	A	O	U	N	S	O	E	E
M	D	V	A	F	W	E	A	T	I	A	Y	G	T	R
M	Y	A	I	M	É	H	C	A	A	T	C	A	E	M
T	T	A	G	A	S	D	E	N	I	Ó	H	I	O	O
K	A	D	Ó	J	K	A	H	I	G	M	O	G	R	D
G	E	O	L	Ó	G	I	A	K	Ó	I	L	Ó	O	Y
Y	M	M	O	X	S	M	T	A	L	A	Ó	L	L	N
C	Y	S	I	Y	X	É	P	S	O	J	G	O	Ó	A
U	Y	J	Z	N	J	H	Z	U	I	I	I	R	G	M
C	F	F	Y	G	M	C	U	C	C	V	A	U	I	I
R	V	A	F	J	N	O	M	B	O	K	G	E	A	K
M	E	C	H	A	N	I	K	A	S	A	B	N	I	A
N	F	C	D	Z	B	B	K	V	V	B	X	S	I	R
Z	X	J	K	I	M	U	N	O	L	Ó	G	I	A	L

ANATÓMIA
BIOCHÉMIA
BIOLÓGIA
BOTANIKA
CHÉMIA
EKOLÓGIA
GEOLÓGIA
IMUNOLÓGIA
LINGVISTIKA
MECHANIKA
METEOROLÓGIA
NEUROLÓGIA
FYZIOLÓGIA
PSYCHOLÓGIA
SOCIOLÓGIA
TERMODYNAMIKA

85 - Maladie

G	E	N	E	T	I	C	K	Ý	T	E	L	O	T	V
O	N	I	T	S	O	K	E	N	B	X	E	B	O	S
R	Y	E	G	E	X	F	H	Č	S	A	O	R	E	V
Ý	N	Š	U	R	B	S	F	I	H	G	L	Y	C	N
G	C	C	Z	A	E	E	C	D	R	S	R	S	H	Á
V	Ú	S	S	E	N	L	L	E	W	F	L	E	R	K
Y	Ľ	N	S	J	F	F	A	D	E	C	E	Y	O	A
Z	P	S	Y	N	D	R	Ó	M	S	A	N	A	N	Z
Z	Á	F	Í	B	E	D	R	O	V	E	J	W	I	L
D	P	P	C	T	E	R	A	P	I	A	G	L	C	I
R	F	P	A	I	T	A	P	O	R	U	E	N	K	V
A	U	L	H	L	I	M	U	N	I	T	A	S	Ý	Ý
V	H	N	C	D	F	D	U	D	A	U	D	P	B	W
I	P	C	Ý	A	L	H	H	S	D	S	J	O	F	A
E	I	Z	D	L	B	G	U	V	I	S	U	O	R	D

BRUŠNÝ
ALERGIE
WELLNESS
CHRONICKÝ
NÁKAZLIVÝ
TELO
SRDCE
SLABÝ
GENETICKÝ
DEDIČNÝ
IMUNITA
ZÁPAL
BEDROVEJ
NEUROPATIA
KOSTI
PĽÚCNY
DÝCHACÍ
ZDRAVIE
SYNDRÓM
TERAPIA

86 - Univers

M	B	H	W	L	O	K	D	M	C	M	V	M	G	H
Y	Y	E	B	D	O	D	W	Ó	Y	N	I	E	C	O
E	N	R	M	R	A	O	B	N	Ý	S	D	S	A	R
T	K	Ý	K	C	I	M	Z	O	K	L	I	I	S	I
A	R	L	Í	T	F	B	C	R	S	N	T	A	T	Z
I	D	E	N	T	Z	W	H	T	E	O	E	C	E	O
X	A	S	V	G	E	T	K	S	B	V	Ľ	E	R	N
A	T	M	O	S	F	É	R	A	E	R	N	K	O	T
L	M	I	R	Y	A	M	U	A	N	A	Ý	V	I	H
A	S	T	R	O	N	Ó	M	I	A	T	N	K	D	U
G	J	H	X	J	O	R	B	I	T	A	Z	E	K	S
D	D	S	V	W	U	O	Á	A	C	B	H	K	B	R
L	O	G	I	T	U	D	E	L	O	G	G	A	M	A
H	E	M	I	S	F	É	R	A	O	K	X	S	Z	T
W	F	B	L	V	I	N	P	O	K	S	E	L	E	T

ASTEROID
ASTRONÓM
ASTRONÓMIA
ATMOSFÉRA
NEBESKÝ
NEBA
KOZMICKÝ
ROVNÍK
GALAXIA
HEMISFÉRA
HORIZONT
LOGITUDE
MESIAC
TMA
ORBITA
SOLÁRNY
SLNOVRAT
TELESKOP
VIDITEĽNÝ

87 - Géographie

D	U	N	J	D	O	Y	F	K	T	R	N	R	H	H
P	W	W	P	R	E	R	P	M	J	P	I	M	G	L
O	U	C	V	J	M	U	L	O	G	I	T	U	D	E
L	T	T	I	M	D	L	C	W	D	A	K	E	I	R
U	S	E	V	E	R	A	V	K	C	N	L	O	B	O
D	J	D	N	Y	T	C	H	C	R	V	M	Y	D	M
N	Ó	I	G	E	R	K	O	F	S	A	L	T	A	H
Í	J	U	H	L	A	O	T	S	X	D	J	E	N	G
K	Í	N	V	O	R	N	S	E	T	C	X	I	I	V
S	V	E	T	U	J	T	E	P	Y	R	T	Z	N	C
K	A	R	É	F	S	I	M	E	H	T	O	P	Á	A
E	H	P	F	U	D	N	P	W	E	C	Y	V	E	G
U	N	V	A	U	H	E	Ú	Z	E	M	I	E	C	A
L	S	E	B	M	V	N	Z	Á	P	A	D	J	O	O
M	Z	K	X	U	J	T	M	H	K	S	S	P	F	T

ATLAS
MAPA
KONTINENT
ROVNÍK
RIEKA
HEMISFÉRA
OSTROV
LOGITUDE
MORE
POLUDNÍK
SVET
VRCH
SEVER
OCEÁN
ZÁPAD
KRAJINA
REGIÓN
JUH
ÚZEMIE
MESTO

88 - Bâtiments

S	K	A	B	Í	N	A	O	M	M	X	D	F	C	H
T	T	O	V	Á	R	E	Ň	U	A	Ú	N	S	G	L
O	N	I	K	I	X	J	M	I	C	Z	Z	V	D	U
D	D	A	R	H	G	E	U	R	I	A	R	E	V	W
O	I	D	Š	T	A	D	I	Ó	N	V	L	D	U	P
L	V	R	G	E	U	A	R	T	C	A	E	E	W	M
A	A	L	O	K	Š	F	Ó	A	O	T	T	Ž	C	V
Ň	D	Ž	Á	R	A	G	T	V	M	I	O	S	A	J
L	L	T	J	A	T	G	A	R	E	Z	H	N	H	O
E	O	P	H	M	U	B	R	E	N	R	M	S	J	S
I	S	U	N	R	Y	Y	O	S	I	E	C	X	I	O
D	K	P	K	E	R	T	B	B	Y	V	E	I	N	R
O	U	P	X	P	T	R	A	O	R	I	H	C	H	N
X	N	E	N	U	H	E	L	L	X	N	P	T	S	F
L	Z	P	V	S	G	R	B	N	H	U	D	G	N	I

BYT
DIELŇA
KABÍNA
HRAD
KINO
ŠKOLA
GARÁŽ
STODOLA
NEMOCNICA
HOTEL

LABORATÓRIUM
MÚZEUM
OBSERVATÓRIUM
ŠTADIÓN
SUPERMARKET
STAN
DIVADLO
VEŽA
UNIVERZITA
TOVÁREŇ

89 - Activités et Loisirs

B	P	O	T	Á	P	A	N	I	E	L	F	I	V	M
A	M	C	E	S	T	O	V	A	N	I	E	N	O	V
S	E	I	N	A	V	O	F	R	U	S	A	Z	L	R
K	K	Z	Á	H	R	A	D	N	Í	C	T	V	O	L
E	I	N	A	V	Á	L	P	Z	E	T	O	W	B	V
T	Z	W	N	S	Z	A	P	W	D	V	E	G	Y	F
B	A	B	E	J	Z	B	A	L	J	O	T	N	R	B
A	R	E	L	A	X	A	Č	N	Ý	L	U	G	I	V
L	B	B	A	K	M	J	F	V	F	E	R	O	U	S
P	O	Y	B	U	O	A	N	N	U	J	I	L	V	U
A	B	E	T	H	T	N	R	O	M	B	S	F	V	A
Z	L	S	U	S	A	E	Í	N	U	A	T	S	N	B
J	V	M	F	X	E	P	T	Č	M	L	I	D	H	R
C	A	X	Y	P	O	V	G	S	K	E	K	K	B	M
U	M	E	N	I	E	B	E	K	R	Y	A	K	L	A

UMENIE
BEJZBAL
BASKETBAL
BOXU
KEMP
FUTBAL
GOLF
ZÁHRADNÍCTVO
PLÁVANIE
KONÍČKY
OBRAZ
RYBOLOV
POTÁPANIE
TURISTIKA
RELAXAČNÝ
SURFOVANIE
TENIS
VOLEJBAL
CESTOVANIE

90 - Livres

K	P	L	T	D	T	S	R	D	E	C	V	P	O	C
O	R	I	R	F	Z	T	O	A	U	T	O	R	V	A
N	Í	T	A	T	H	R	M	P	L	C	E	H	J	P
T	S	E	G	R	B	A	Á	S	E	D	V	P	Y	O
E	L	R	I	T	E	N	N	C	J	D	L	R	T	J
X	U	Á	C	Ý	V	A	Z	E	I	L	A	N	Y	V
T	Š	R	K	E	C	P	B	G	Y	B	A	U	D	O
U	N	N	Ý	E	Y	D	H	U	M	O	R	N	Ý	Y
P	Ý	Y	K	E	A	U	Z	B	I	E	R	K	A	Č
F	O	V	T	G	Č	A	V	Á	R	P	Z	O	R	I
R	D	É	I	N	V	L	E	U	V	N	R	W	H	T
W	S	C	Z	D	T	I	P	R	Í	B	E	H	N	A
Y	R	J	Y	I	T	T	B	Á	S	E	Ň	P	E	T
H	X	H	Y	I	A	A	I	R	É	S	T	J	A	E
H	I	S	T	O	R	I	C	K	Ý	R	K	Y	B	Ľ

AUTOR
ZBIERKA
KONTEXT
DUALITA
EPOS
PRÍBEH
HISTORICKÝ
HUMORNÝ
VYNALIEZAVÝ
ČITATEĽ
LITERÁRNY
ROZPRÁVAČ
STRANA
PRÍSLUŠNÝ
BÁSEŇ
POÉZIA
ROMÁN
SÉRIA
TRAGICKÝ

91 - Pays #2

J	H	O	W	N	A	T	S	I	K	A	P	U	O	R
B	F	J	S	T	Ň	S	O	U	M	E	X	I	K	O
R	D	R	S	V	E	Ý	A	H	D	W	G	L	S	K
P	W	V	B	J	K	R	L	R	Y	Á	A	I	N	S
U	G	A	N	D	A	I	Z	S	C	X	N	B	Á	N
N	C	K	I	T	I	A	H	D	F	K	Í	A	D	O
X	Z	J	I	O	Z	Y	G	W	X	D	Č	N	U	P
V	X	A	H	H	É	S	P	O	F	I	M	O	K	A
R	M	M	E	O	N	M	O	V	M	H	T	N	R	J
R	G	A	O	W	O	V	K	M	F	K	K	G	A	H
Í	G	J	R	A	D	W	S	H	Á	F	K	L	J	F
I	R	J	L	N	N	N	U	M	A	L	V	X	I	F
T	L	S	J	G	I	T	R	V	N	H	S	H	N	R
U	T	O	K	S	Z	Ú	C	N	A	R	F	K	A	O
K	E	S	G	O	K	S	N	Á	B	L	A	X	O	M

ALBÁNSKO
ČÍNA
DÁNSKO
FRANCÚZSKO
HAITI
INDONÉZIA
ÍRSKO
JAMAJKA
JAPONSKO
KEŇA
LAOS
LIBANON
MEXIKO
UGANDA
PAKISTAN
RUSKO
SOMÁLSKO
SUDÁN
SÝRIA
UKRAJINA

92 - Fournitures d'Art

A	K	Ľ	U	B	A	T	L	C	P	W	W	N	D	X
T	Y	Z	T	U	R	B	A	E	N	A	J	O	T	S
R	J	O	O	N	P	C	A	R	D	Y	P	W	N	F
A	K	Č	I	L	O	T	S	U	R	W	A	I	F	L
M	T	C	Z	Y	E	R	S	Z	Z	T	Z	P	E	O
E	Á	W	M	R	H	J	G	K	W	V	N	T	I	R
N	R	K	G	K	S	F	N	Y	P	O	E	O	L	J
T	A	K	V	A	R	E	L	Y	J	R	B	L	H	G
S	P	L	E	P	I	D	L	O	D	I	U	Y	U	H
M	A	W	O	W	V	L	Z	S	U	V	W	P	F	E
D	O	J	Y	G	K	O	B	Z	T	O	J	Y	A	J
O	T	M	B	Y	E	R	D	O	M	S	A	X	R	G
M	O	C	O	M	F	Z	N	A	A	Ť	E	C	B	U
T	F	Z	M	P	Y	L	E	T	S	A	P	G	Y	M
H	L	I	N	A	F	O	W	N	Á	P	A	D	Y	A

AKRYL
AKVARELY
HLINA
KEFY
FOTOAPARÁT
STOLIČKA
UHLIE
STOJAN
LEPIDLO
FARBY

CERUZKY
TVORIVOSŤ
VODA
ATRAMENT
GUMA
OLEJ
NÁPADY
PAPIER
PASTELY
TABUĽKA

93 - Jazz

W	K	D	J	S	Š	E	M	C	D	B	B	D	I	S
P	I	E	S	E	Ň	T	I	I	G	A	I	O	M	L
I	N	E	M	X	M	R	Ý	N	Ľ	O	C	H	P	Á
U	S	V	S	M	D	E	A	L	E	K	I	M	R	V
H	U	D	B	A	D	C	N	T	T	Ž	E	U	O	N
V	M	B	O	P	T	N	E	L	A	T	O	B	V	Y
O	T	Y	Z	T	R	O	J	X	D	K	L	L	I	A
E	Y	B	D	X	E	K	F	F	A	C	Ó	A	Z	J
S	R	P	A	C	T	C	R	L	L	O	S	Z	Á	G
S	T	A	R	Ý	S	Y	H	S	K	B	J	H	C	B
O	B	Ľ	Ú	B	E	N	É	N	S	M	U	N	I	Ž
I	Z	X	H	B	H	S	P	G	I	M	Y	O	A	Á
I	A	P	G	Y	C	Z	X	G	S	K	M	V	O	N
D	G	W	J	U	R	M	J	V	B	Y	A	Ý	I	E
T	K	J	K	Y	O	U	M	E	L	E	C	S	B	R

ALBUM
UMELEC
SLÁVNY
PIESEŇ
SKLADATEĽ
ZLOŽENIE
KONCERT
OBĽÚBENÉ
ŽÁNER
IMPROVIZÁCIA
HUDBA
NOVÝ
ORCHESTER
RYTMUS
SÓLO
ŠTÝL
TALENT
BICIE
TECHNIKA
STARÝ

94 - Paysages

K	L	K	B	N	R	Í	Z	J	E	G	J	O	O	G
F	E	G	O	C	E	I	L	O	D	Ú	A	C	T	P
C	H	W	V	Z	W	E	E	V	U	F	Z	E	Z	J
A	V	N	E	A	F	D	U	K	O	E	E	Á	S	U
F	D	I	Y	K	O	P	E	C	A	V	R	N	P	N
H	Á	T	H	P	X	R	M	G	S	G	O	S	W	X
M	P	O	L	O	S	T	R	O	V	O	R	T	S	O
Y	O	V	R	S	O	F	M	J	A	S	K	Y	Ň	A
D	D	Č	M	U	Á	W	I	A	D	A	N	R	G	S
V	O	S	I	R	Z	G	B	S	A	N	V	F	I	R
K	V	O	W	A	A	V	Ú	U	S	Z	Y	R	T	W
D	U	R	C	N	R	V	S	O	G	Y	M	G	C	I
Ľ	A	D	O	V	E	C	T	T	U	N	D	R	A	H
W	P	W	P	L	Á	Ž	I	P	Ú	Š	Ť	H	I	W
C	X	U	A	Z	X	V	E	M	O	R	E	F	N	D

VODOPÁD
KOPEC
PÚŠŤ
ÚSTIE
RIEKA
GEJZÍR
JASKYŇA
ĽADOVEC
OSTROV
JAZERO
MOČIAR
MORE
VRCH
OÁZA
OCEÁN
POLOSTROV
PLÁŽ
TUNDRA
ÚDOLIE
SOPKA

95 - Pays #1

P	M	Š	P	A	N	I	E	L	S	K	O	G	X	E
W	A	D	A	N	A	K	W	V	A	S	W	J	M	D
A	Y	N	Í	P	I	L	I	F	E	H	F	I	L	F
U	R	U	A	T	I	E	L	H	L	E	N	J	U	K
G	R	G	G	M	E	A	A	I	L	Í	Z	A	R	B
A	P	E	E	T	A	R	M	N	E	M	E	C	K	O
R	G	R	K	N	H	Z	A	F	L	M	P	J	L	N
A	D	V	U	W	T	I	I	P	Í	C	Y	N	O	S
K	O	M	C	M	M	Í	D	E	B	Y	W	G	K	K
I	F	K	U	O	U	V	N	X	Y	C	U	U	S	H
N	A	B	B	C	H	N	I	A	A	B	B	H	Ľ	V
N	Ó	R	S	K	O	O	S	E	K	V	Á	D	O	R
Y	M	H	M	U	O	N	O	K	O	R	A	M	P	D
V	E	N	E	Z	U	E	L	A	O	K	S	N	Í	F
A	F	G	A	N	I	S	T	A	N	K	H	H	H	X

AFGANISTAN
NEMECKO
ARGENTÍNA
BRAZÍLIA
KANADA
ŠPANIELSKO
EKVÁDOR
FÍNSKO
INDIA
IZRAEL
LÍBYA
MALI
MAROKO
NIKARAGUA
NÓRSKO
PANAMA
FILIPÍNY
POĽSKO
RUMUNSKO
VENEZUELA

96 - Nombres

Š	E	S	T	N	Á	S	Ť	Ä	P	A	B	V	M	P
I	U	N	C	M	J	T	L	U	A	U	M	O	J	S
N	V	P	K	O	F	T	Z	D	V	A	D	S	A	Ť
S	Š	T	Y	R	I	H	A	L	P	V	R	R	Y	S
V	E	U	C	F	W	N	S	C	Ä	D	Y	B	J	Á
G	S	D	N	G	I	R	Ť	W	T	T	R	I	C	N
Y	K	É	E	D	P	L	S	S	N	K	T	B	N	A
T	L	N	S	M	F	C	Á	O	Á	G	S	V	M	V
L	R	N	O	E	D	W	N	B	S	N	O	Z	A	D
K	Z	I	A	S	J	H	M	I	Ť	L	M	F	J	R
N	F	T	N	O	T	N	E	Z	Y	T	N	E	N	L
U	D	A	Š	Á	P	J	D	D	E	S	A	Ť	S	M
L	G	S	E	M	S	D	E	D	E	V	Ä	Ť	X	O
A	G	E	S	D	Y	Ť	S	Á	N	T	Ä	V	E	D
V	H	D	Ť	S	Á	N	R	T	Š	V	N	I	D	E

PÄŤ
DVA
DESATINNÉ
DESAŤ
OSEMNÁSŤ
DEVÄTNÁSŤ
SEDEMNÁSŤ
DVANÁSŤ
OSEM
DEVÄŤ
ŠTRNÁSŤ
ŠTYRI
PÄTNÁSŤ
ŠESTNÁSŤ
SEDEM
ŠESŤ
TRINÁSŤ
TRI
DVADSAŤ
NULA

97 - Psychologie

S	K	Ú	S	E	N	O	S	T	I	O	F	Y	O	H
N	Z	N	Y	V	K	G	W	F	H	D	Y	E	S	O
S	E	U	U	S	P	E	M	A	I	W	S	M	O	D
P	I	V	V	L	V	A	N	É	V	O	C	L	B	N
R	N	E	E	D	K	O	N	F	L	I	K	T	N	O
Á	A	M	E	D	E	T	U	V	T	B	D	I	O	T
V	V	Ó	I	S	O	T	I	C	O	P	O	Z	S	E
A	O	C	M	N	W	M	S	G	Y	V	I	R	Ť	N
N	N	I	O	Y	V	I	Ý	T	G	N	P	C	P	I
I	E	E	D	U	V	L	G	D	V	X	B	X	M	E
E	M	R	E	A	L	I	T	A	T	O	K	B	Y	F
R	Y	M	V	M	Y	Š	L	I	E	N	K	Y	P	D
B	V	P	D	V	N	Í	M	A	N	I	E	N	S	B
A	S	L	O	K	L	I	N	I	C	K	Ý	Y	E	W
Y	D	A	P	Á	N	T	E	R	A	P	I	A	L	Z

KLINICKÝ
SPRÁVANIE
KONFLIKT
EGO
DETSTVO
SKÚSENOSTI
EMÓCIE
HODNOTENIE
NÁPADY
NEVEDOMÝ
MYŠLIENKY
VNÍMANIE
OSOBNOSŤ
PROBLÉM
VYMENOVANIE
REALITA
SNY
POCIT
PODVEDOMIE
TERAPIA

98 - Nature

H	T	C	P	Ť	E	K	Y	N	L	Á	T	I	V	O
W	W	R	X	Š	H	M	R	Y	E	Z	N	D	W	B
G	R	K	O	Ú	F	H	L	Á	S	W	T	F	A	L
J	K	T	T	P	S	T	M	E	S	D	U	U	H	A
Á	T	A	R	E	I	V	Z	L	O	A	W	A	J	K
R	I	E	K	A	N	C	W	K	A	Ň	E	W	N	Y
D	I	V	O	K	Ý	E	K	B	Ľ	Y	R	O	H	L
A	R	K	T	I	C	K	Ý	Ý	A	T	Ó	H	Z	Í
D	Y	N	A	M	I	C	K	Ý	D	Ä	Z	T	T	S
M	Y	P	O	K	O	J	N	Ý	O	V	I	U	K	T
Ú	T	E	S	Y	U	W	U	O	V	S	A	C	I	I
Y	Y	U	E	N	J	G	P	O	E	G	X	W	A	E
V	Č	E	L	Y	U	T	U	T	C	U	S	E	Y	D
W	H	K	H	X	V	I	H	P	F	F	U	Y	L	A
U	I	A	Z	A	V	B	Y	P	K	I	D	W	Y	W

VČELY
ZVIERATÁ
ARKTICKÝ
KRÁSA
HMLA
PÚŠŤ
DYNAMICKÝ
ERÓZIA
ÚTESY
LÍSTIE

RIEKA
LES
ĽADOVEC
HORY
OBLAKY
SVÄTYŇA
DIVOKÝ
POKOJNÝ
TROPICKÝ
VITÁLNY

99 - Chimie

M	A	Á	K	Í	D	O	V	U	G	S	D	E	B	W
C	W	V	V	S	Ľ	O	S	L	O	Ý	A	B	B	H
V	E	O	A	N	I	L	E	S	Y	K	E	U	J	O
K	R	M	P	Y	F	P	V	H	V	C	O	R	H	E
F	O	Ó	A	L	K	E	F	F	O	I	B	G	M	Y
T	T	T	L	P	Z	T	L	W	K	L	Z	E	O	F
D	Á	A	I	H	I	Ó	N	D	G	A	G	N	T	E
E	Z	P	N	W	C	P	W	L	T	K	Y	Z	N	Z
Z	Y	U	A	M	O	L	E	K	U	L	A	Ý	O	P
S	L	Y	H	C	V	M	O	X	B	A	M	M	S	J
Z	A	N	E	L	J	A	D	R	O	V	Ý	X	Ť	J
M	T	O	W	A	Í	E	L	E	K	T	R	Ó	N	T
X	A	Z	T	F	I	K	Í	L	S	Y	K	M	B	E
T	K	T	E	P	L	O	T	A	A	N	E	J	K	B
F	T	N	B	V	U	R	V	L	Y	M	U	A	K	S

KYSELINA
ALKALICKÝ
ATÓMOVÁ
UHLÍK
KATALYZÁTOR
TEPLO
CHLÓR
ENZÝM
ELEKTRÓN
PLYN
VODÍK
IÓN
KVAPALINA
KOVY
MOLEKULA
JADROVÝ
KYSLÍK
HMOTNOSŤ
SOĽ
TEPLOTA

100 - Bateaux

G	P	A	T	H	C	A	J	L	N	P	S	T	L	A
H	F	P	R	C	J	H	S	B	V	L	J	K	D	R
I	M	Y	A	J	Ó	B	O	O	U	A	K	E	I	R
C	H	O	J	X	Y	T	G	N	M	C	K	H	R	P
P	O	O	E	O	N	A	K	S	P	H	L	A	N	O
M	R	K	K	C	L	J	O	S	W	E	V	Y	J	C
A	E	Í	T	M	V	L	F	F	N	T	F	A	R	N
G	Z	N	L	X	O	I	Z	G	D	N	B	K	G	Á
J	A	R	V	I	U	T	L	X	G	I	M	D	C	M
N	J	O	B	A	V	T	O	K	N	C	D	Á	U	O
D	I	M	O	C	E	Á	N	R	W	A	U	S	F	R
O	M	Á	S	T	O	Ž	I	A	R	T	O	O	C	N
E	A	N	K	A	J	A	K	S	U	L	M	P	L	Ý
M	Y	Z	B	W	C	A	Y	Z	V	Y	W	P	F	C
J	S	P	M	O	R	E	K	G	N	G	N	V	P	H

KOTVA
BÓJA
KANOE
LANO
POSÁDKA
TRAJEKT
RIEKA
KAJAK
JAZERO
PRÍLIV
NÁMORNÍK
STOŽIAR
MORE
MOTOR
NÁMORNÝCH
OCEÁN
RAFT
VLNY
PLACHETNICA
JACHTA

1 - Adjectifs #2

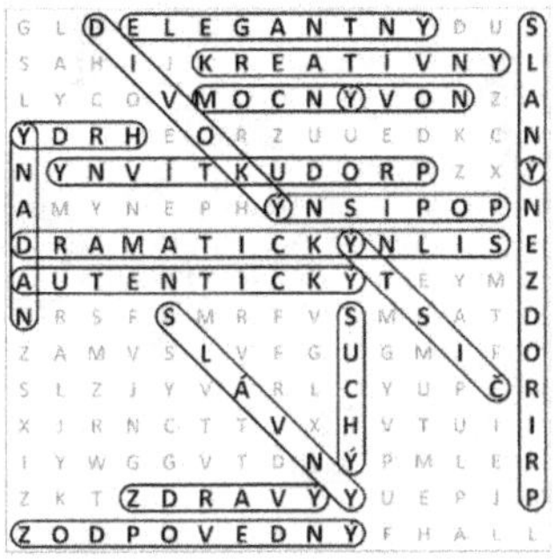

2 - Formes

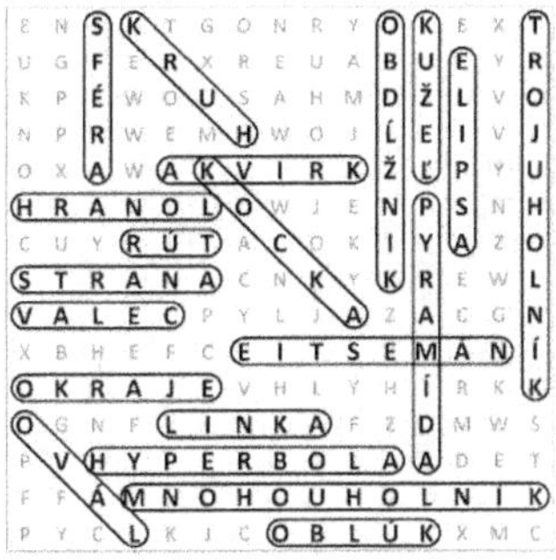

3 - Force et Gravité

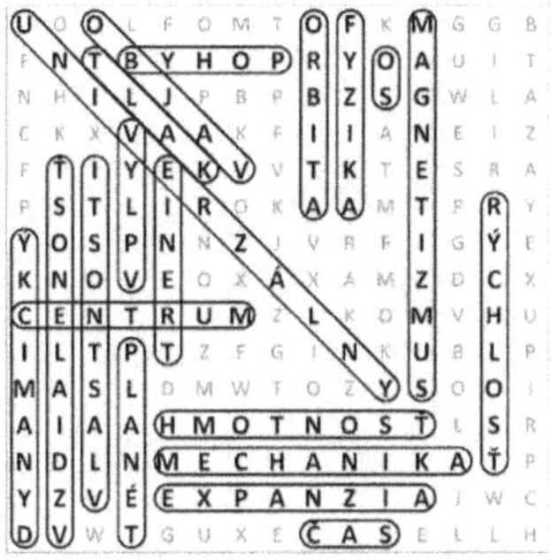

4 - Adjectifs #1

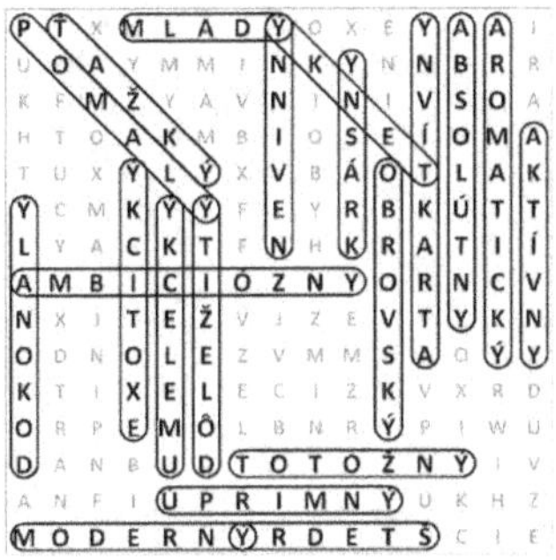

5 - Instruments de Musique

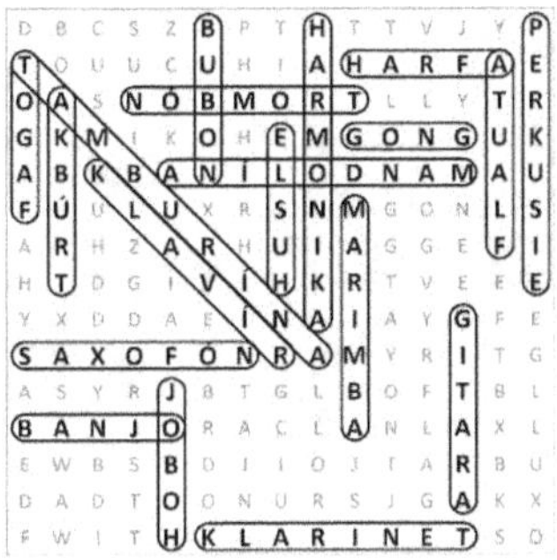

6 - Herboristerie

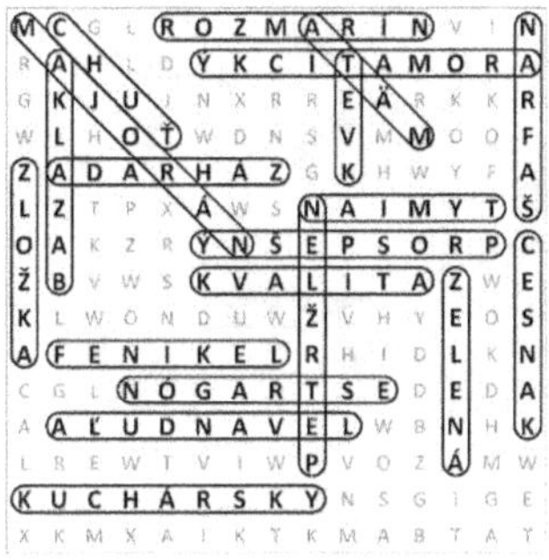

7 - Véhicules

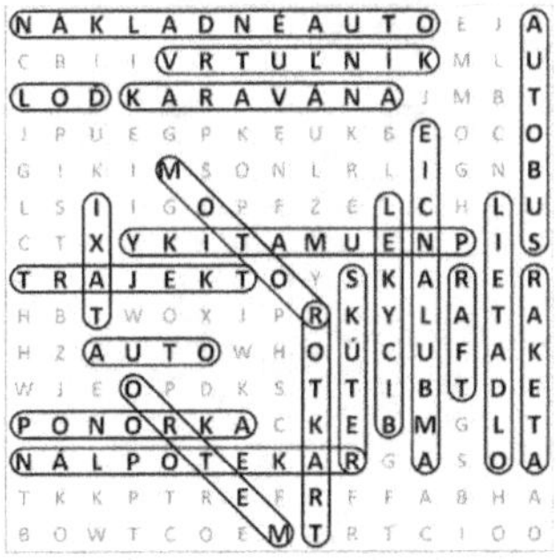

8 - Camping

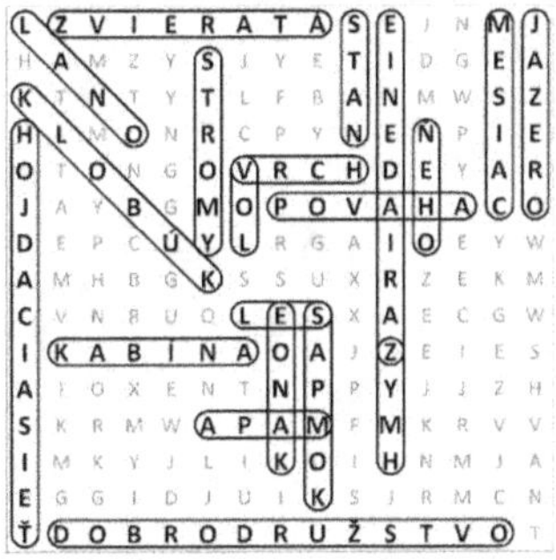

9 - Écologie

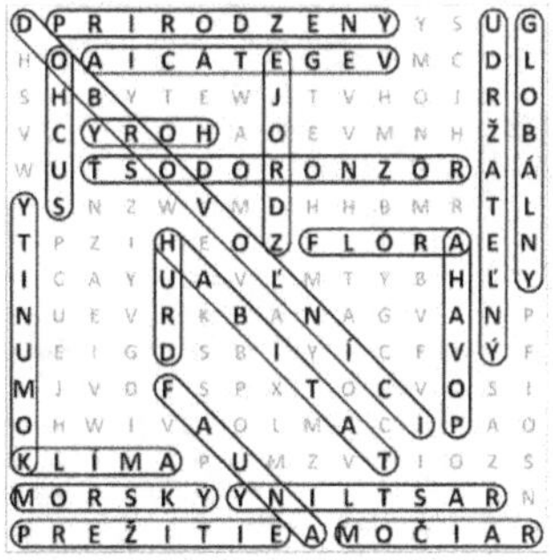

10 - Géométrie

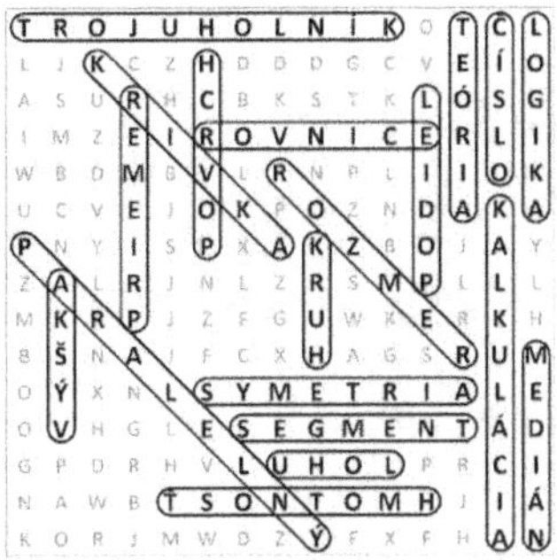

11 - Les Médias

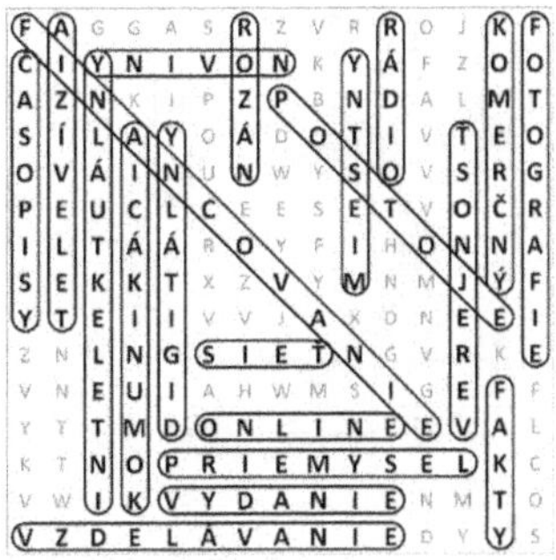

12 - Philanthropie

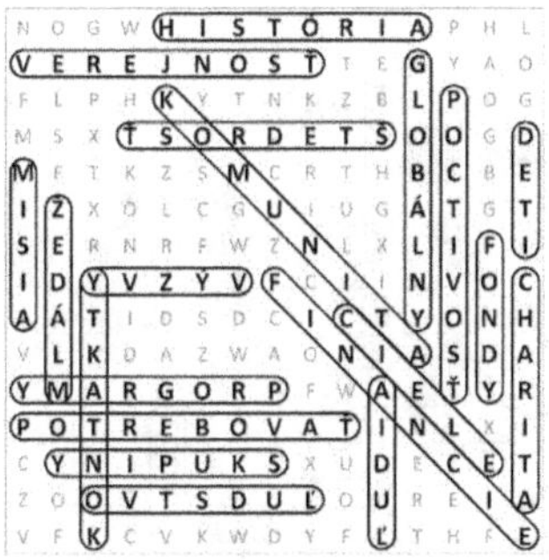

13 - Diplomatie

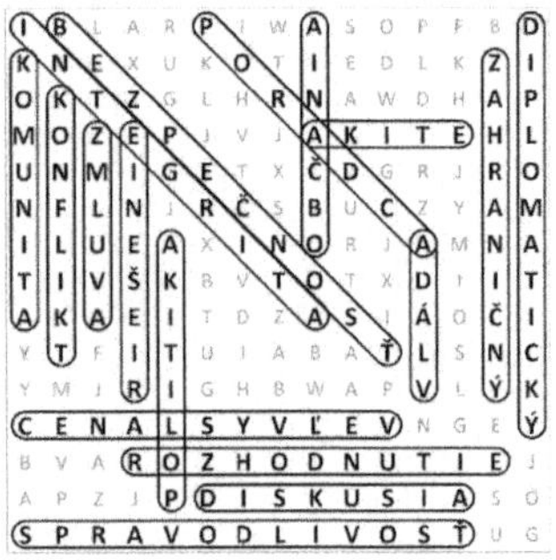

14 - Électricité

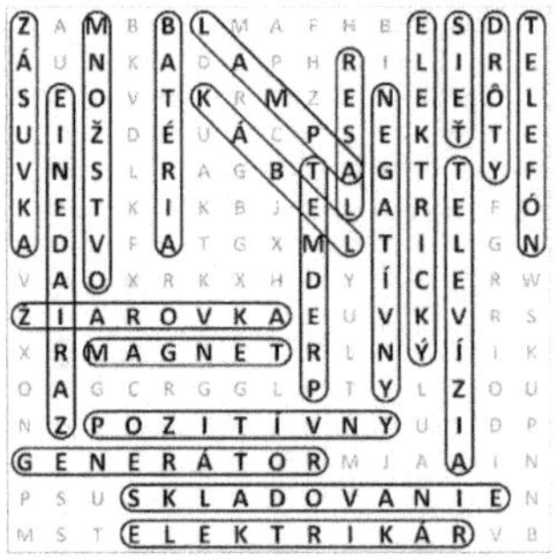

15 - Astronomie

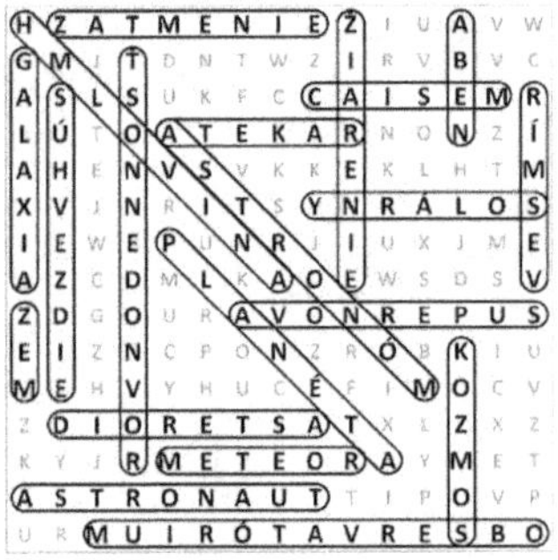

16 - Physique

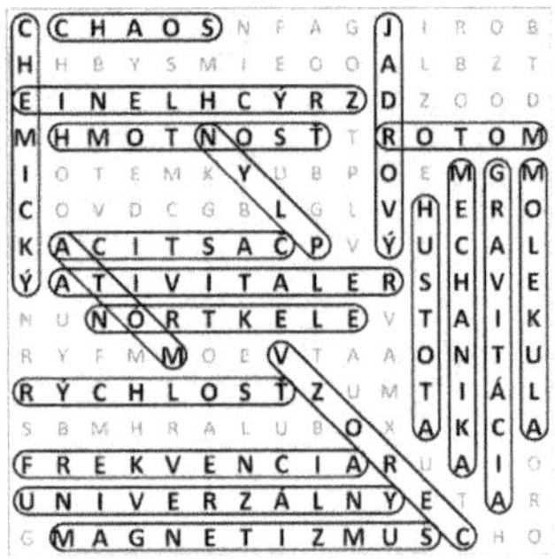

17 - Types de Cheveux

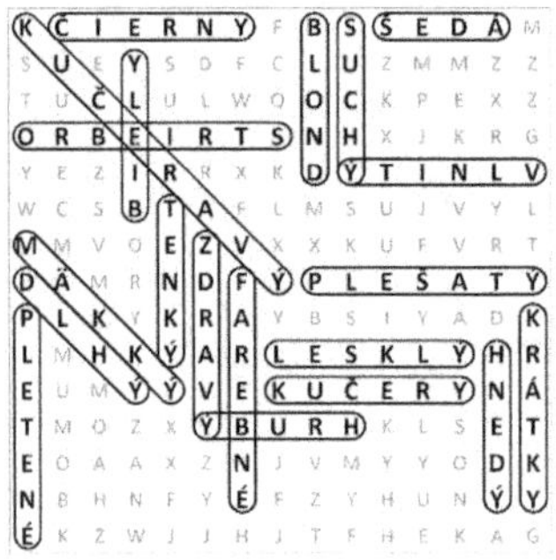

18 - Archéologie

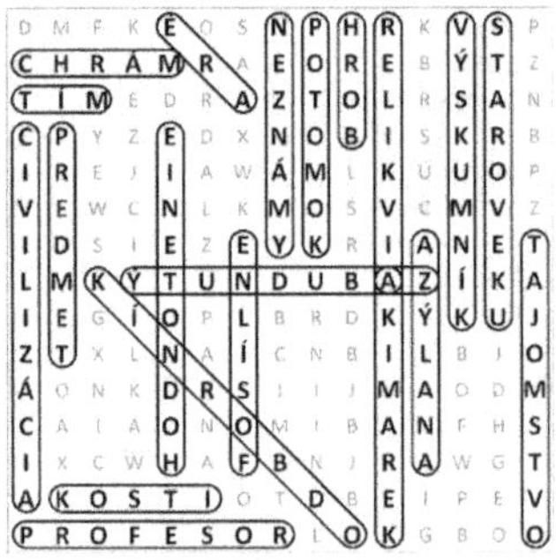

19 - Mammifères

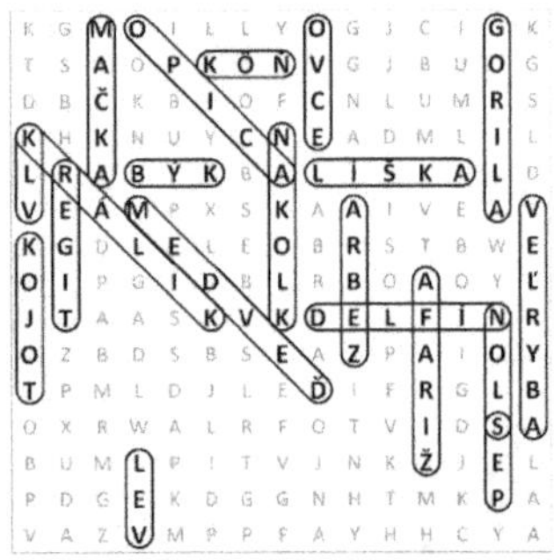

20 - Chocolat

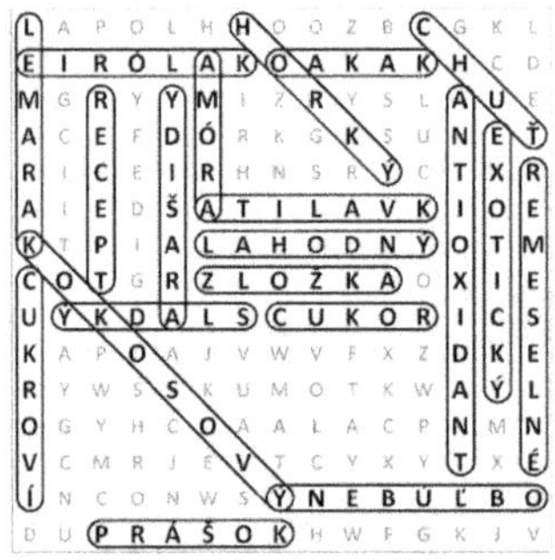

21 - Mathématiques

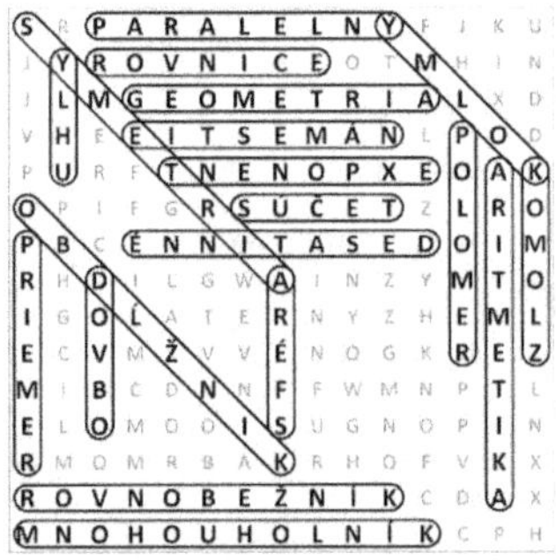

22 - Sport

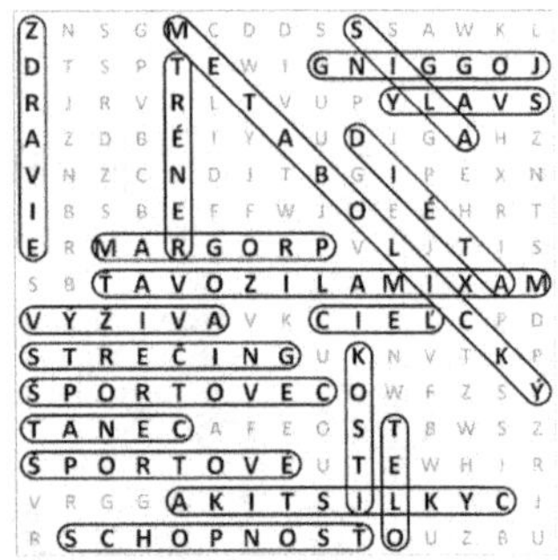

23 - Mythologie

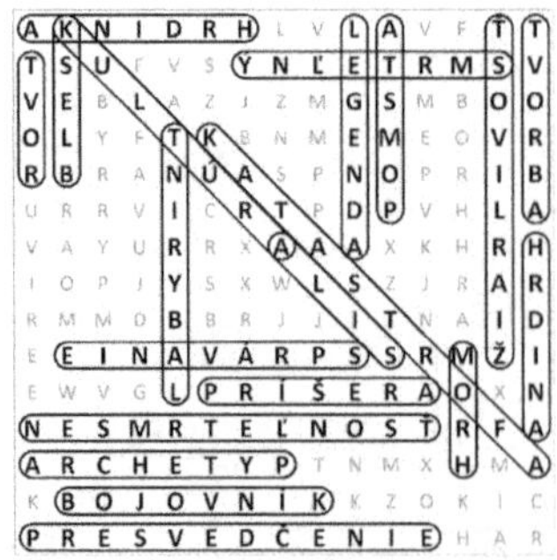

24 - Restaurant #2

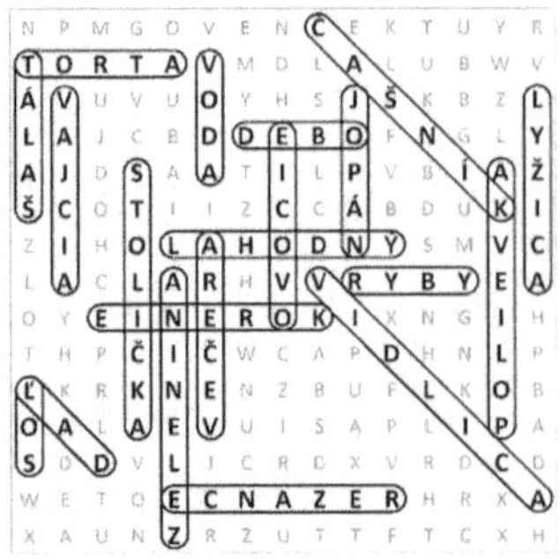

25 - Beauté

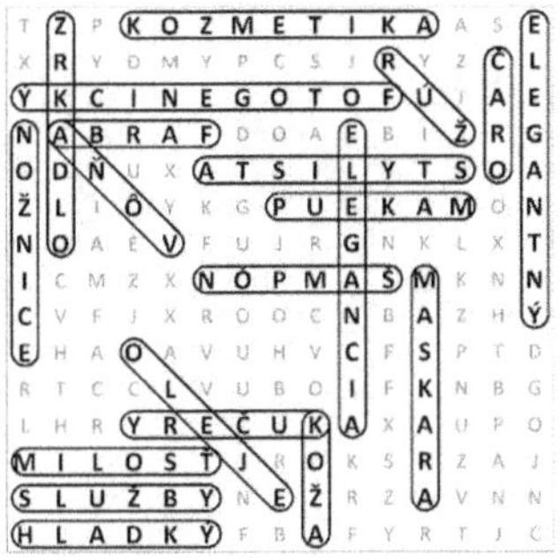

26 - Avions

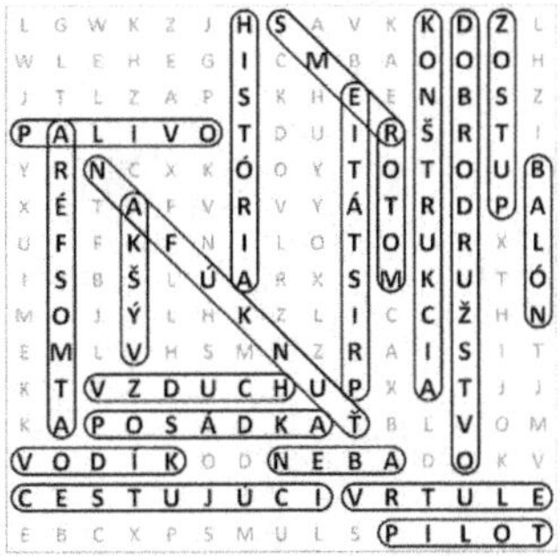

27 - Aventure

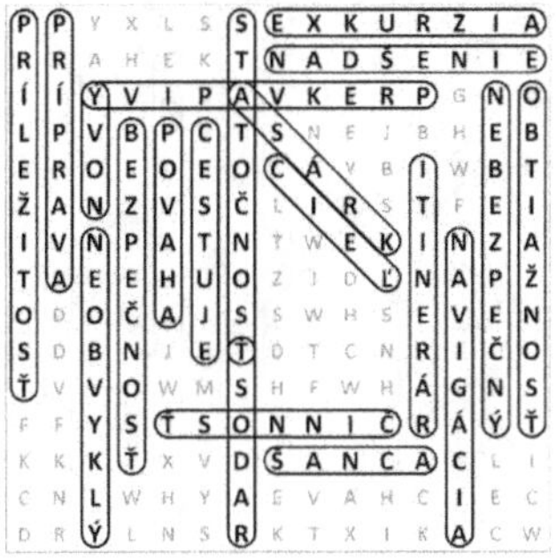

28 - Ville

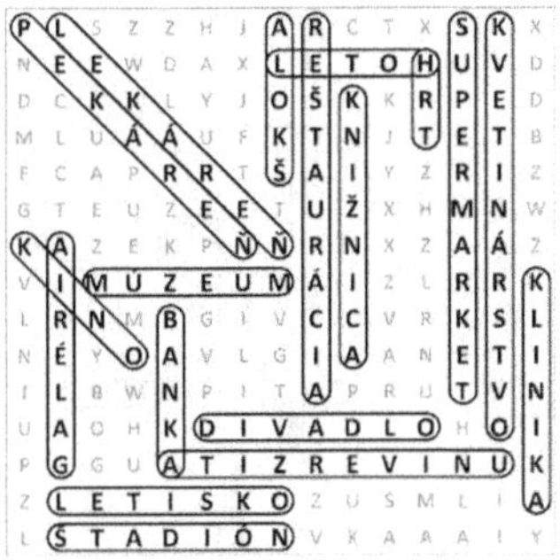

29 - Ingénierie

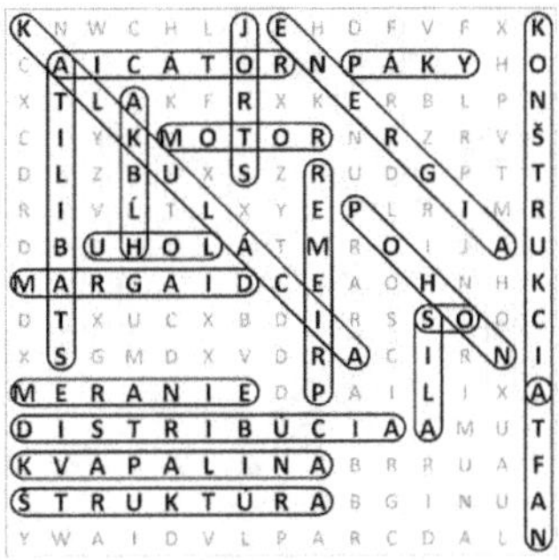

30 - Énergie

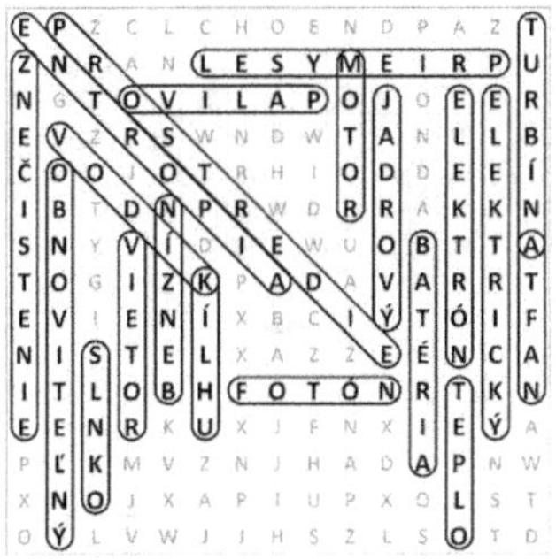

31 - Cuisine

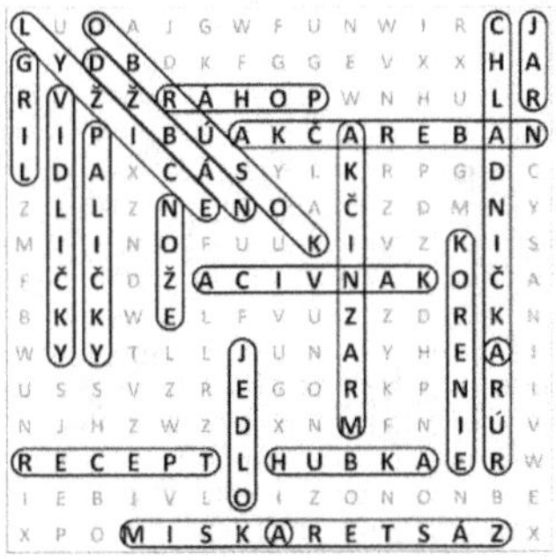

32 - Corps Humain

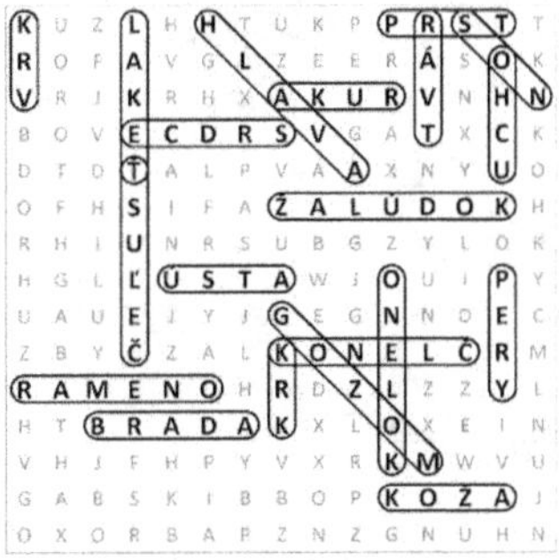

33 - Biologie

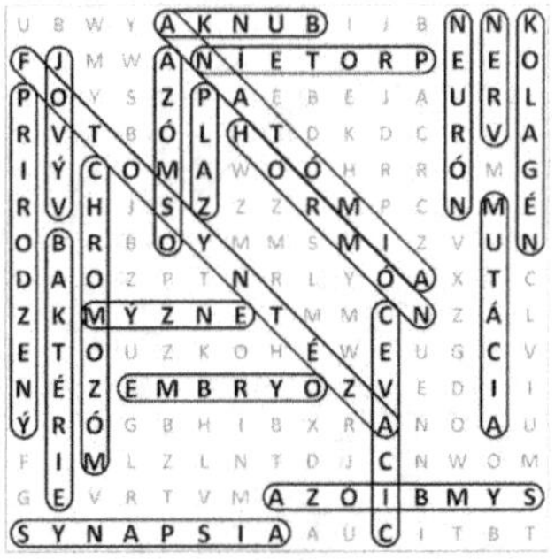

34 - Agronomie

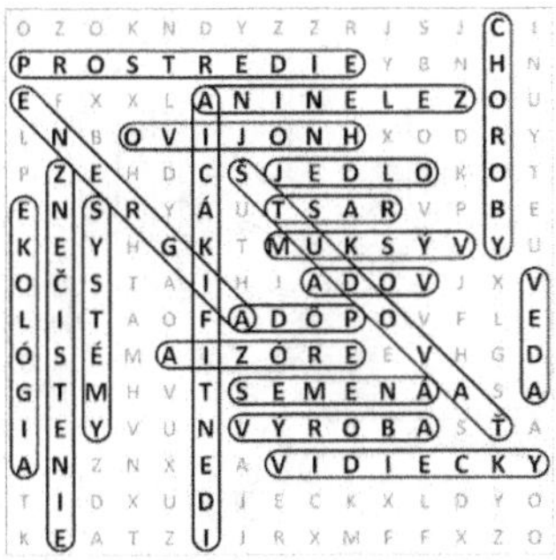

35 - Science

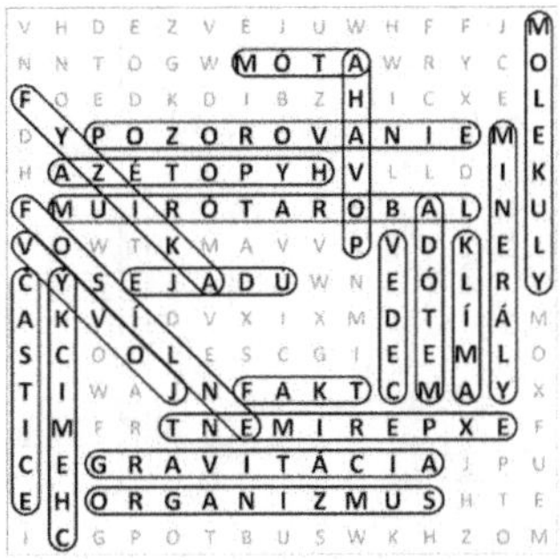

36 - Vêtements

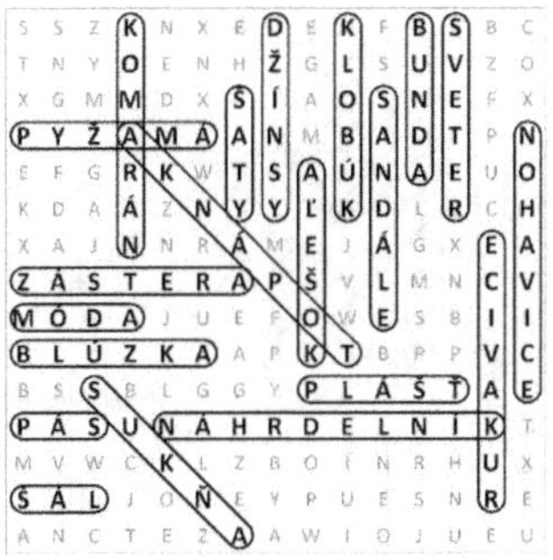

37 - Méditation

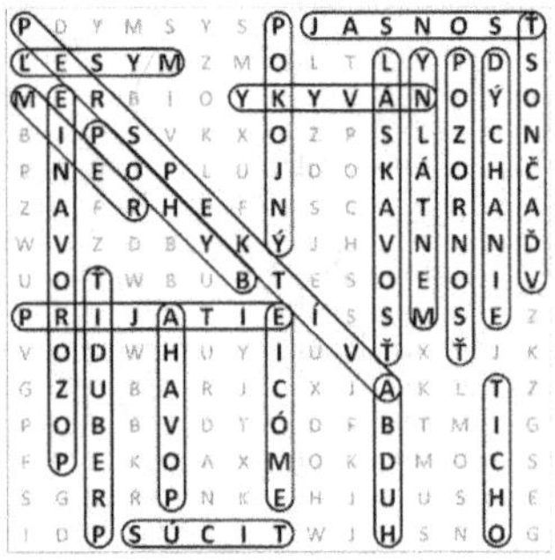

38 - Littérature

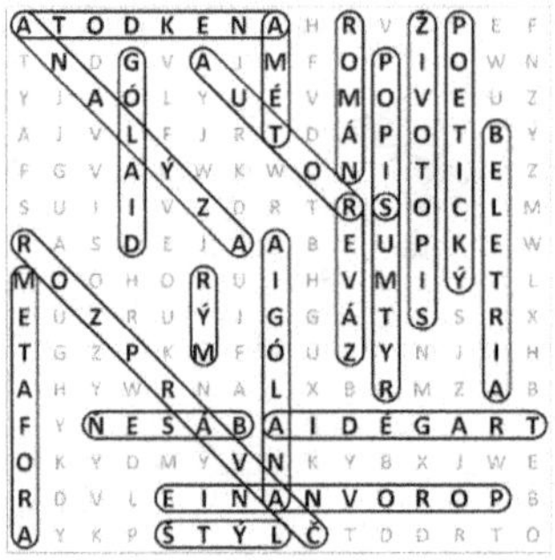

39 - Nourriture #1

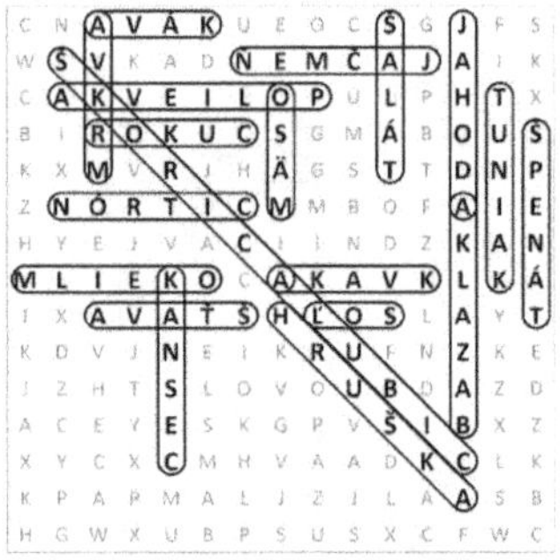

40 - Jours et Mois

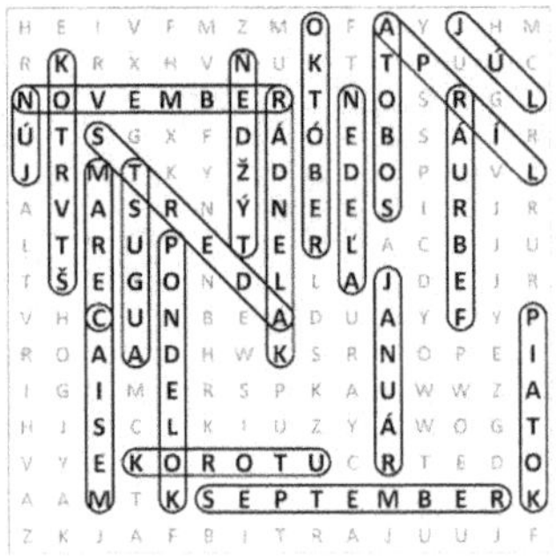

41 - Jardinage

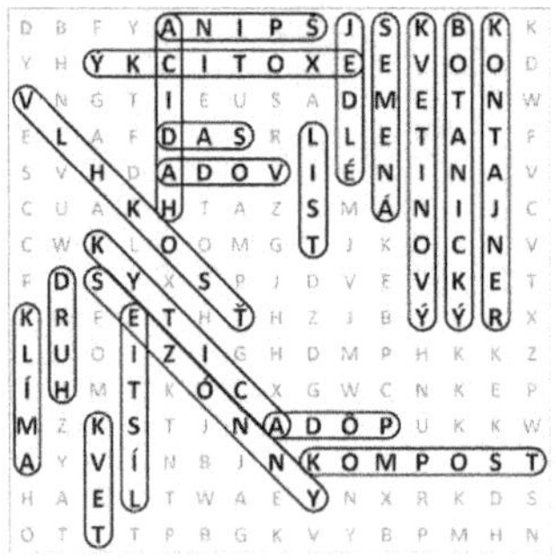

42 - Entreprise

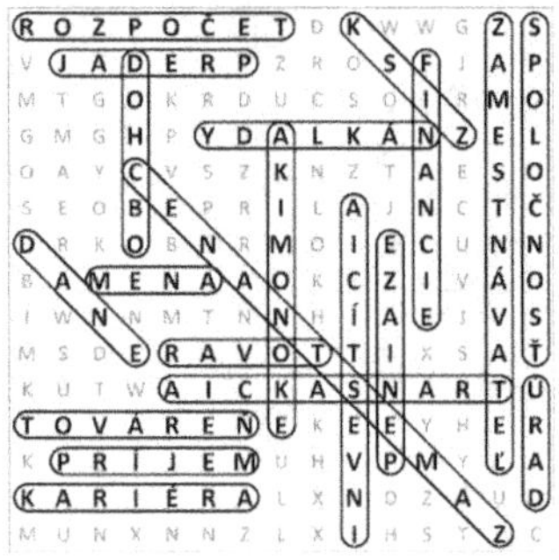

43 - Activités

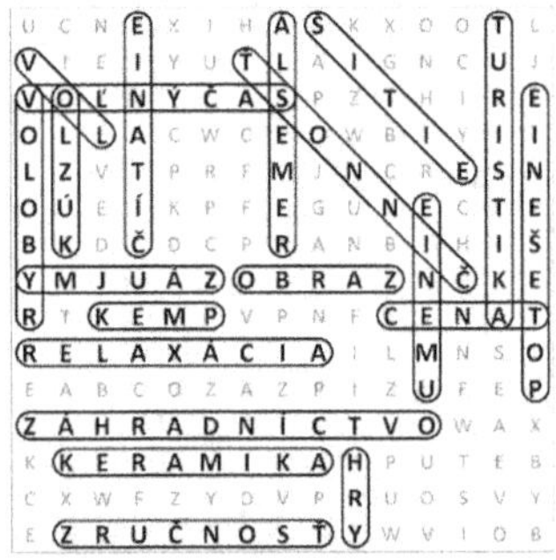

44 - Fleurs

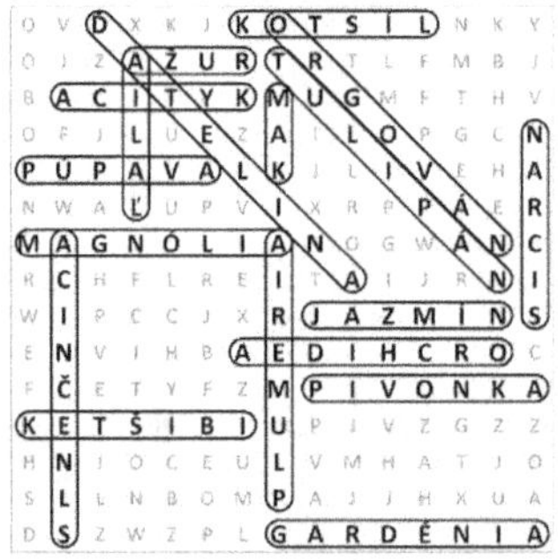

45 - Nourriture #2

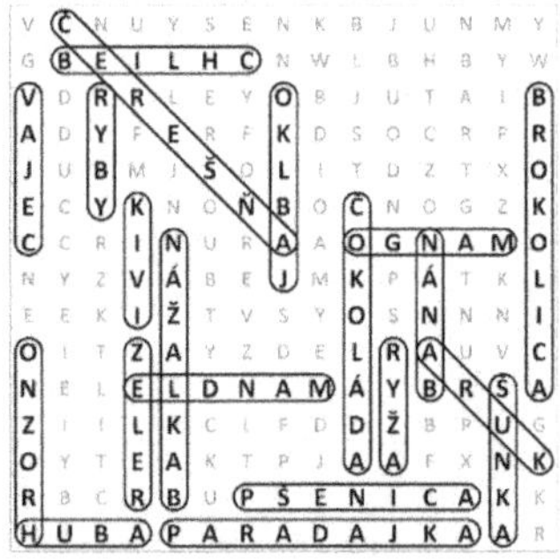

46 - Algèbre

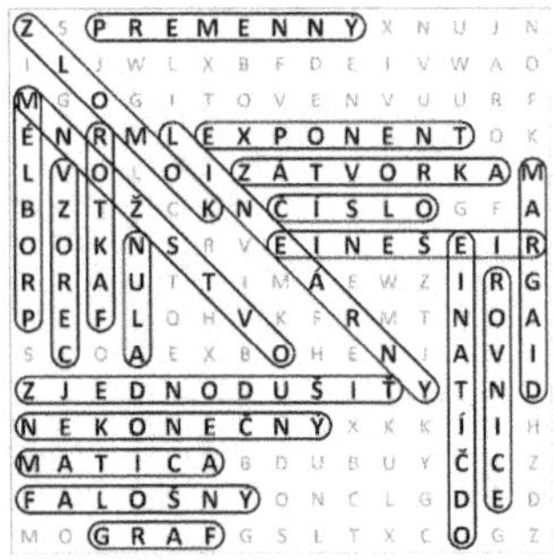

47 - Océan

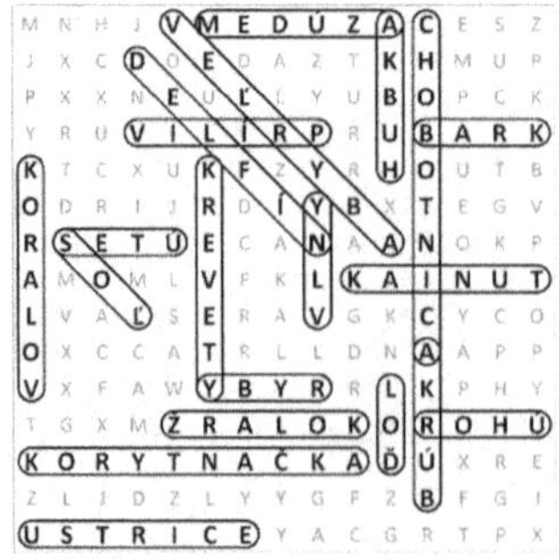

48 - Antiquités

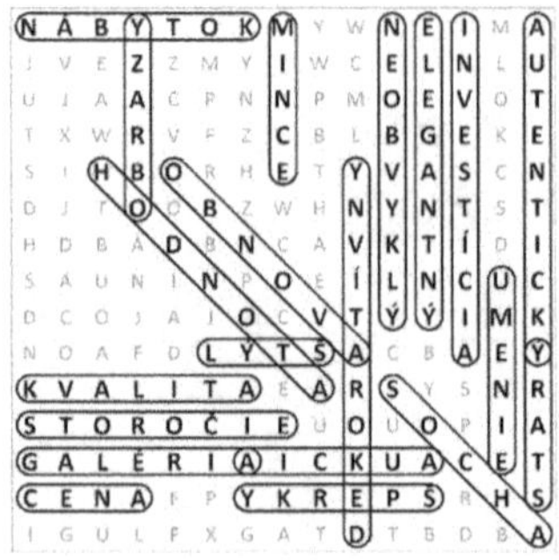

49 - Boxe

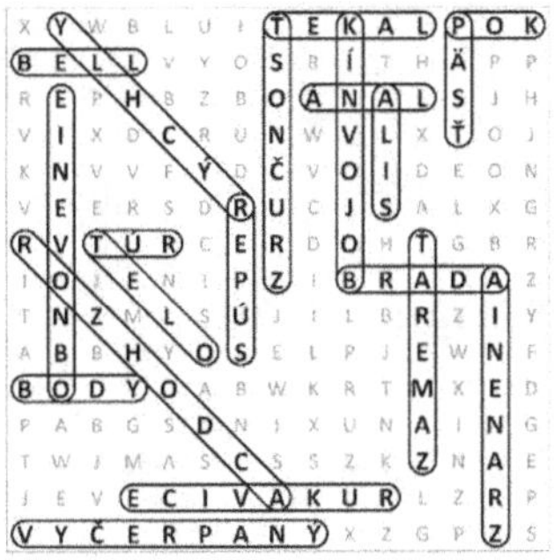

50 - Réchauffement Cli

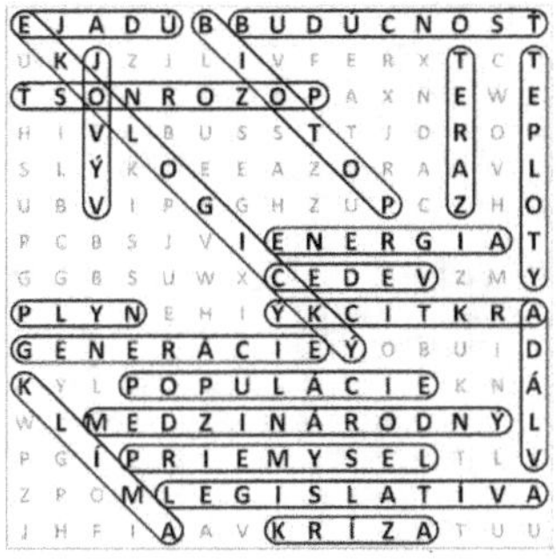

51 - Ballet

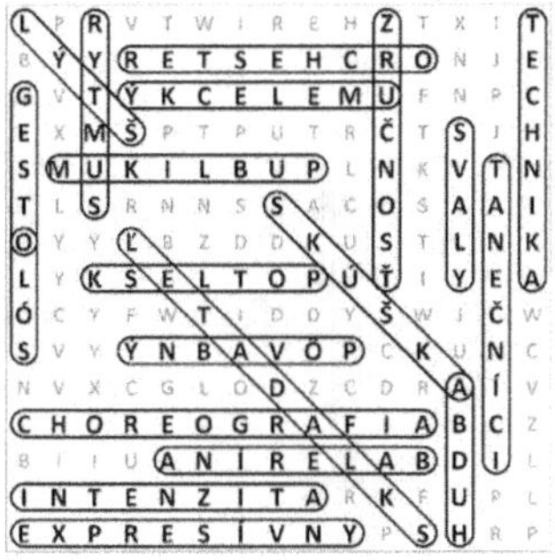

52 - Fruit

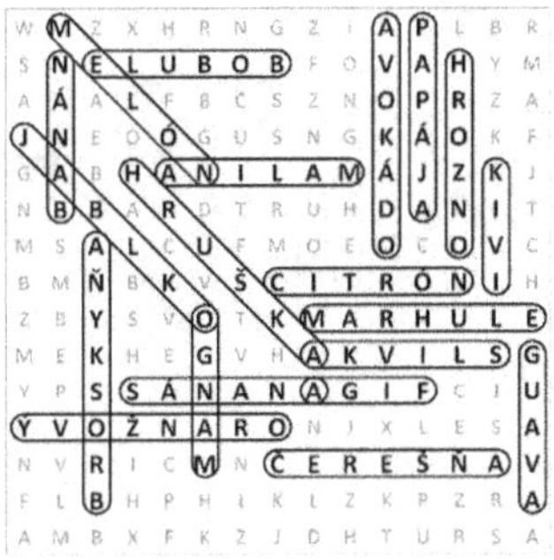

53 - Musique

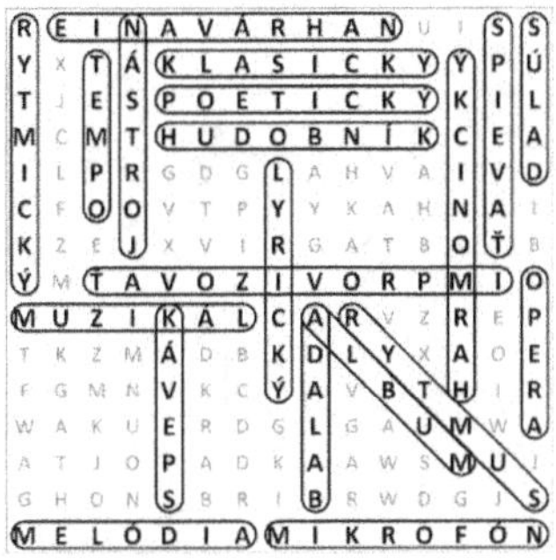

54 - Météo

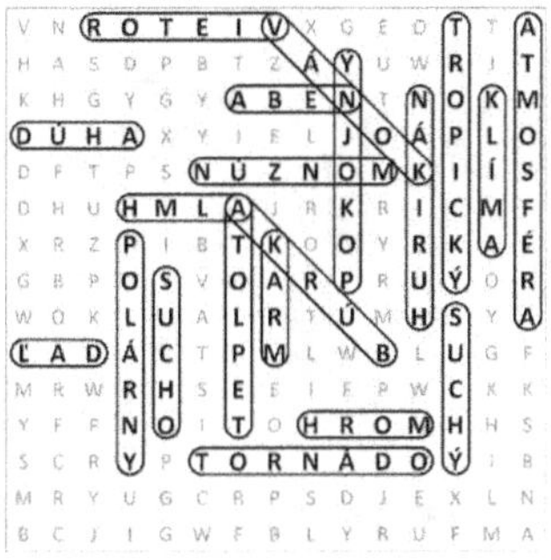

55 - L'Entreprise

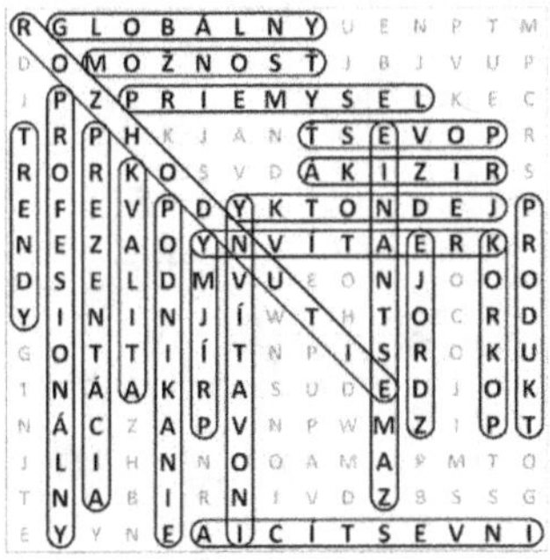

56 - Gouvernement

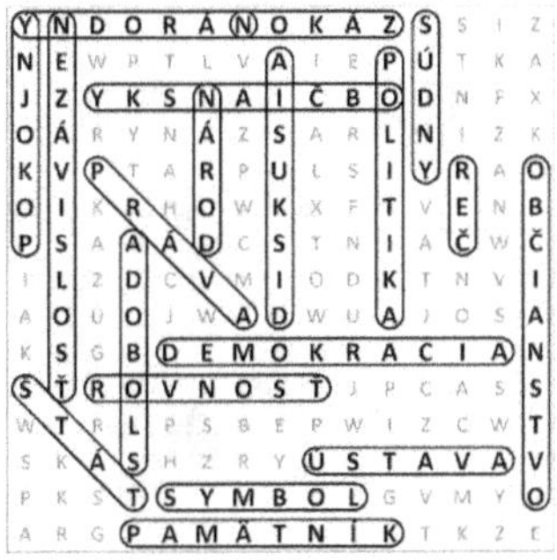

57 - Randonnée

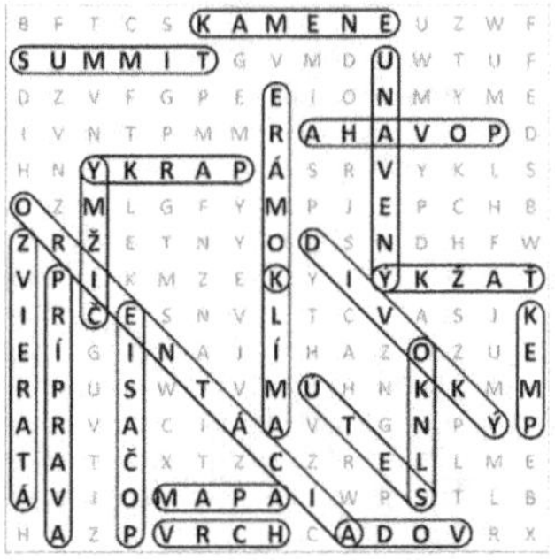

58 - Art

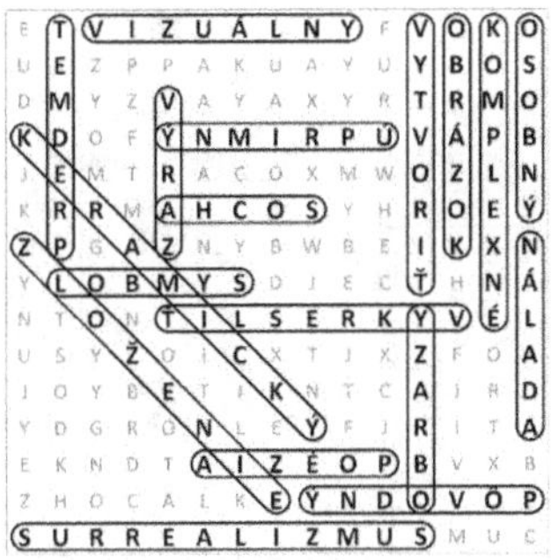

59 - Nutrition

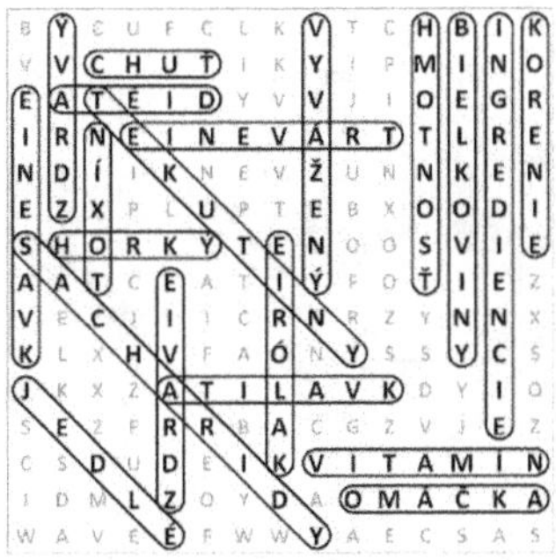

60 - Créativité

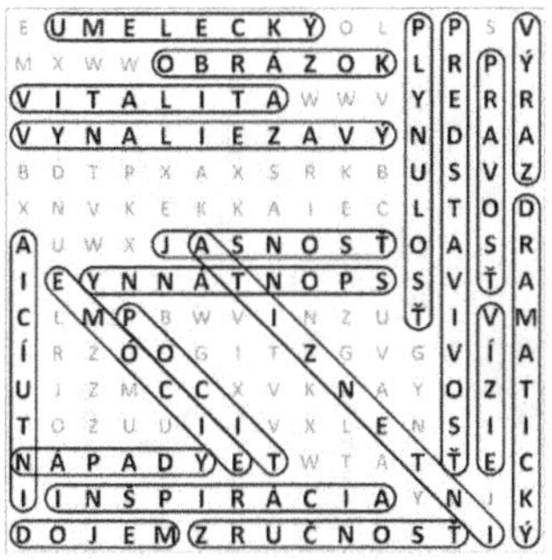

61 - Science Fiction

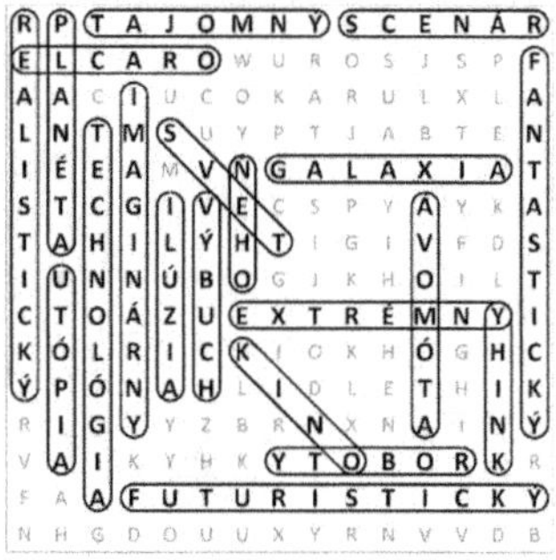

62 - Professions #1

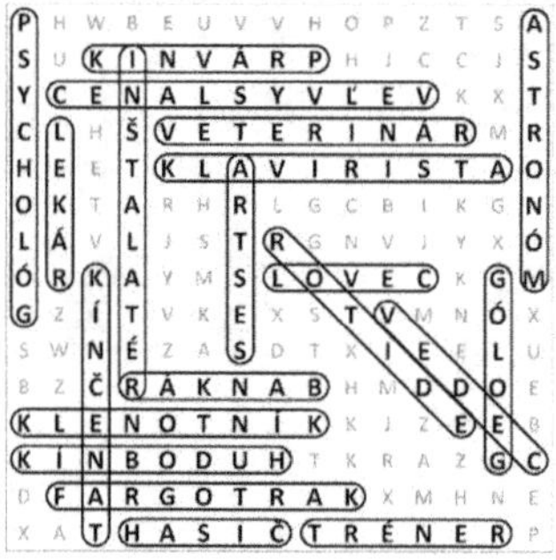

63 - Géologie

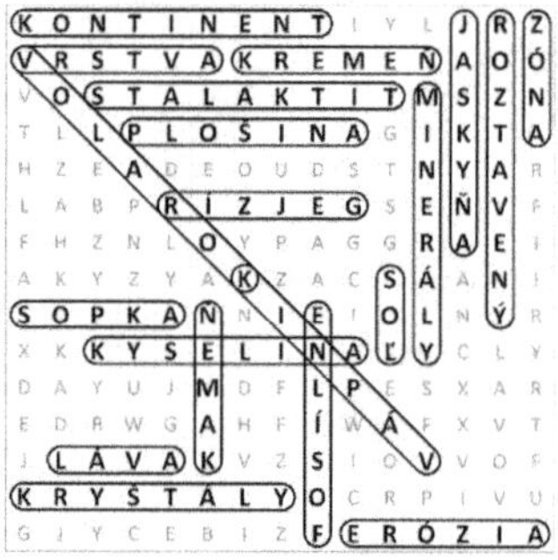

64 - Jardin

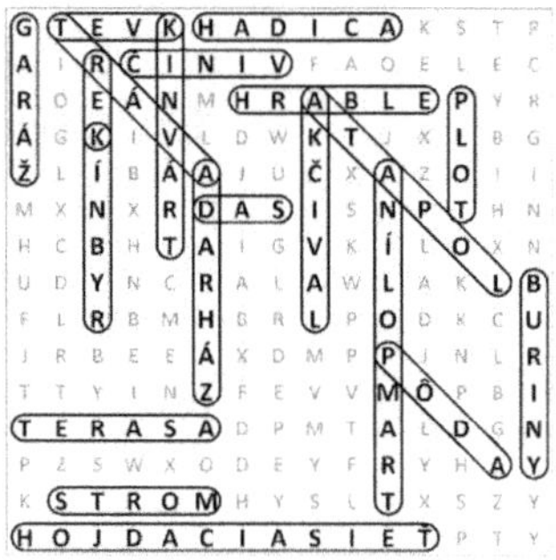

65 - Santé et Bien Être #1

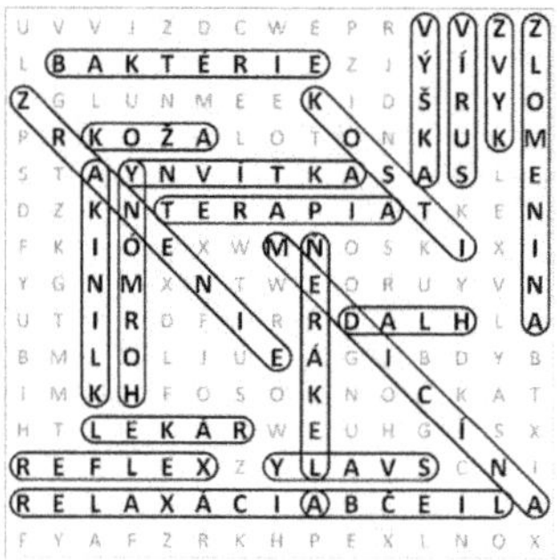

66 - Barbecues

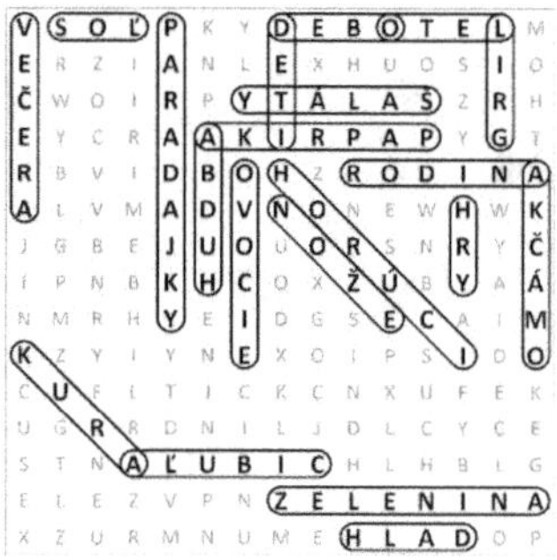

67 - Forêt Tropicale

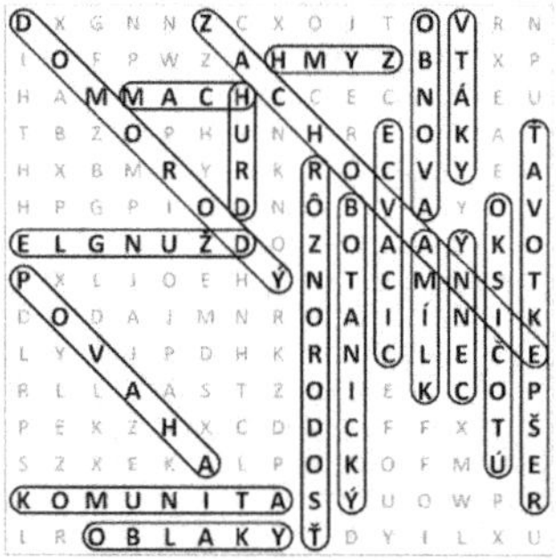

68 - Ferme #1

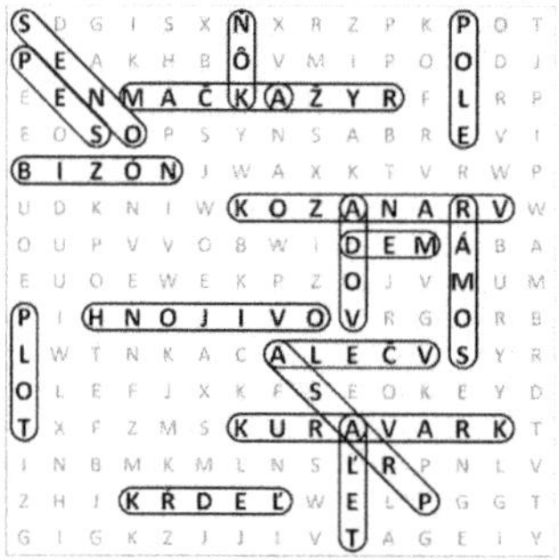

69 - Café

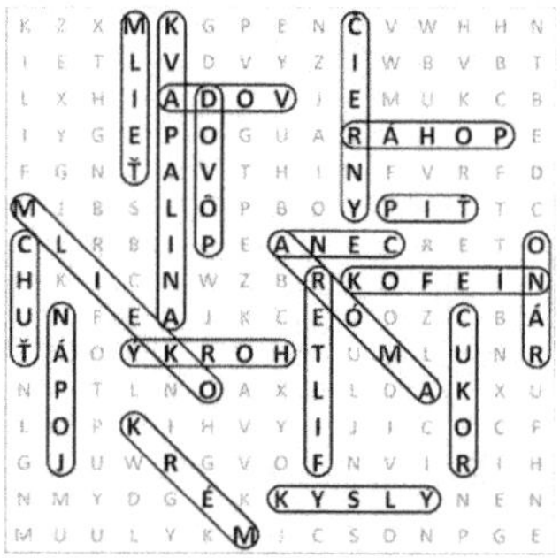

70 - Antarctique

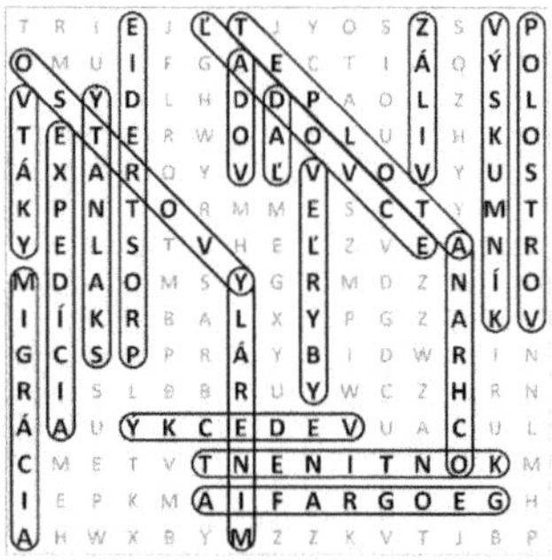

71 - Professions #2

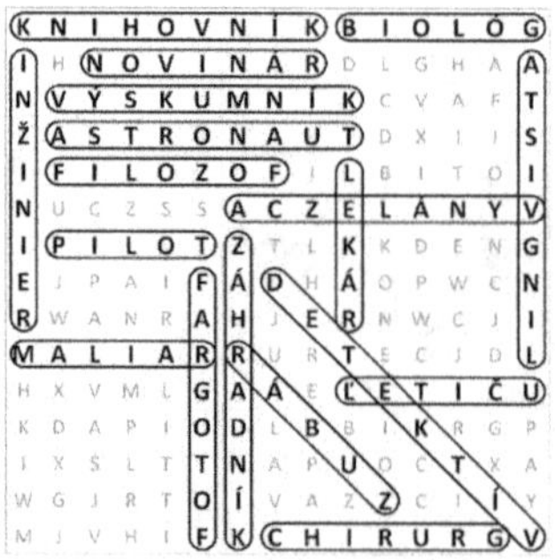

72 - Les Abeilles

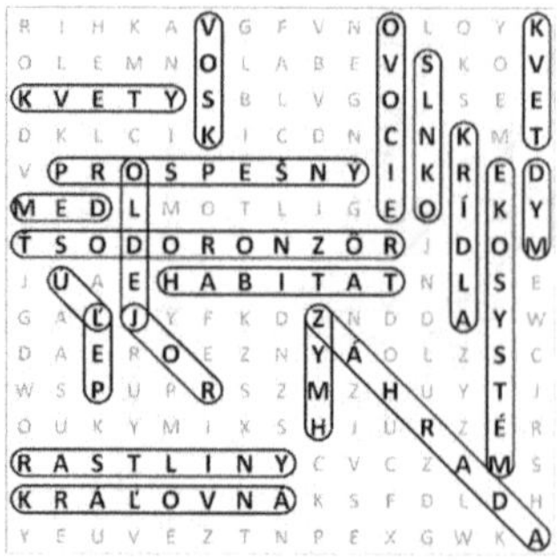

73 - Santé et Bien Être #2

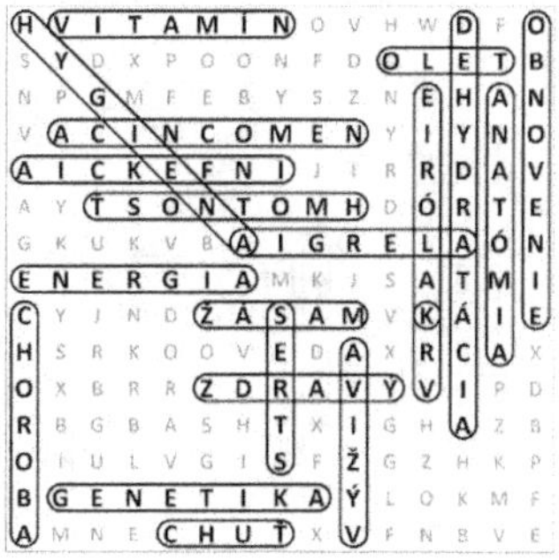

74 - Conduite

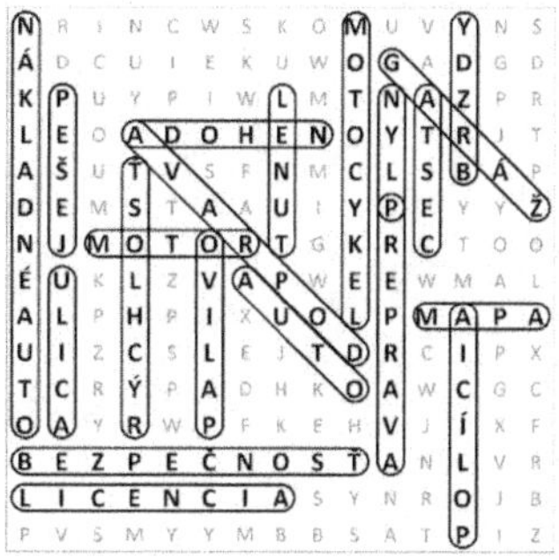

75 - Plantes

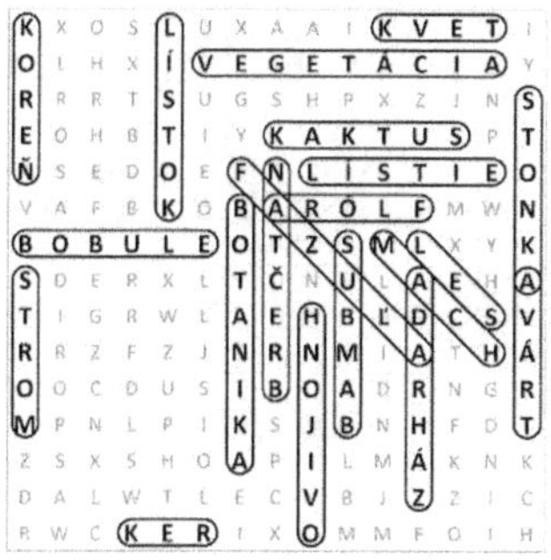

76 - Ferme #2

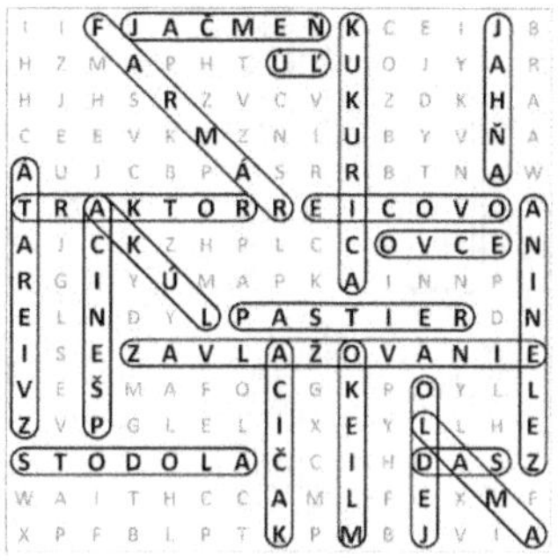

77 - Vacances #2

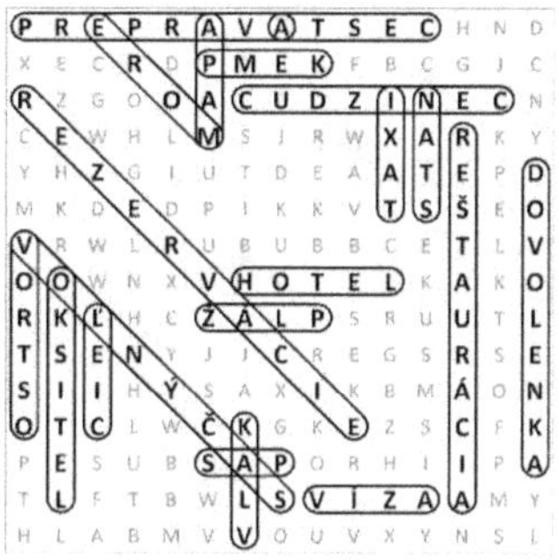

78 - Éthique

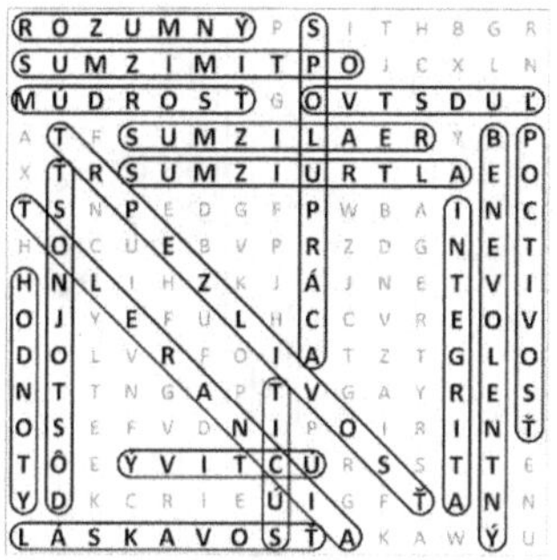

79 - Temps

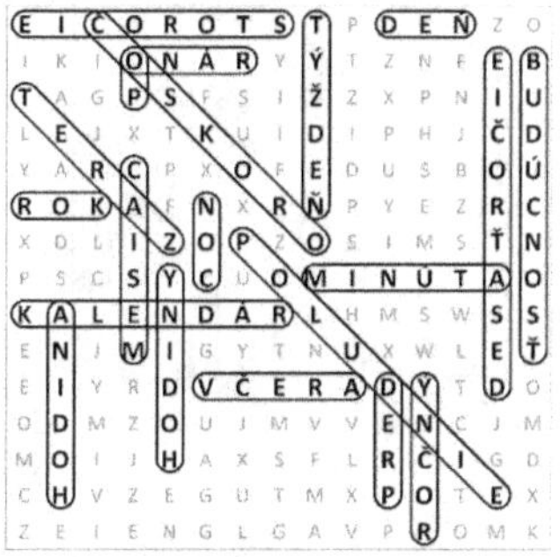

80 - Maison

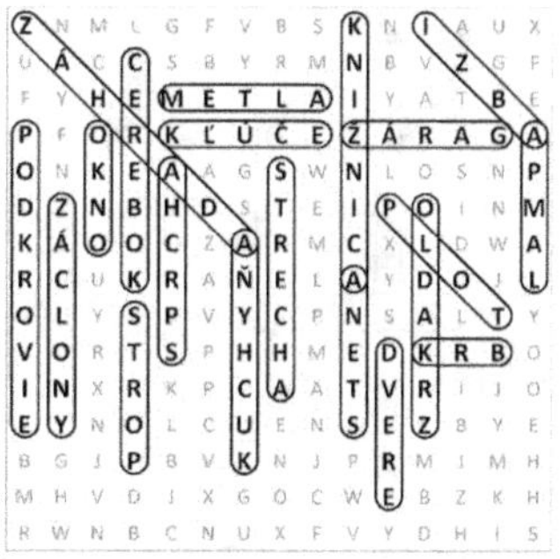

81 - Légumes

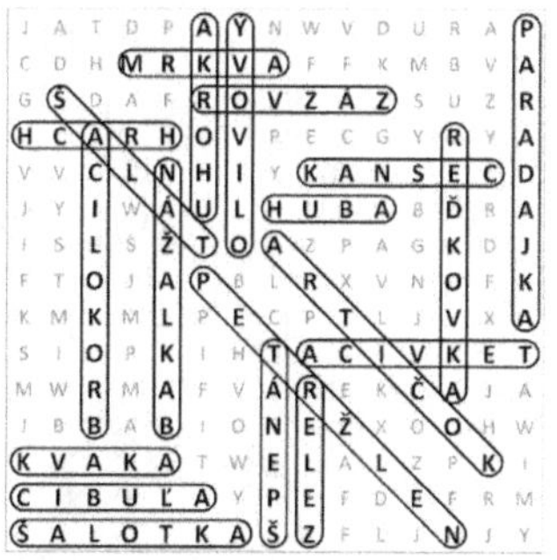

82 - Famille

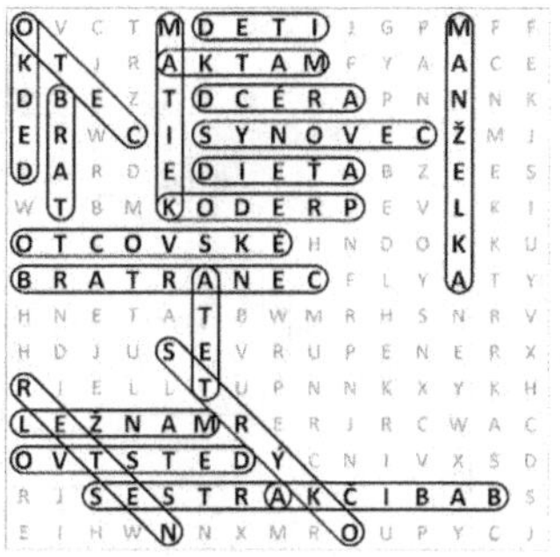

83 - Oiseaux

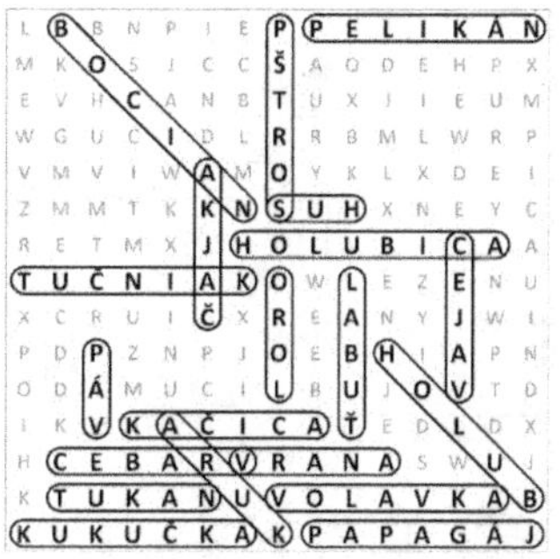

84 - Disciplines Scientifiques

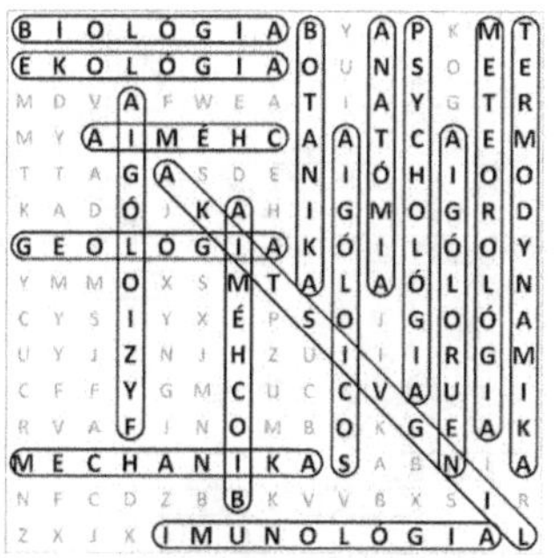

85 - Maladie

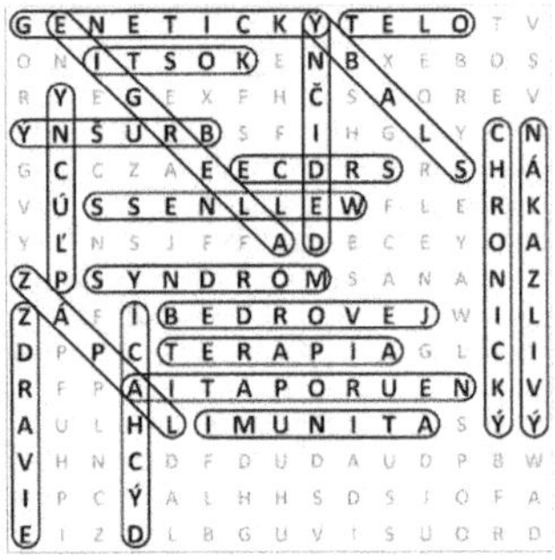

86 - Univers

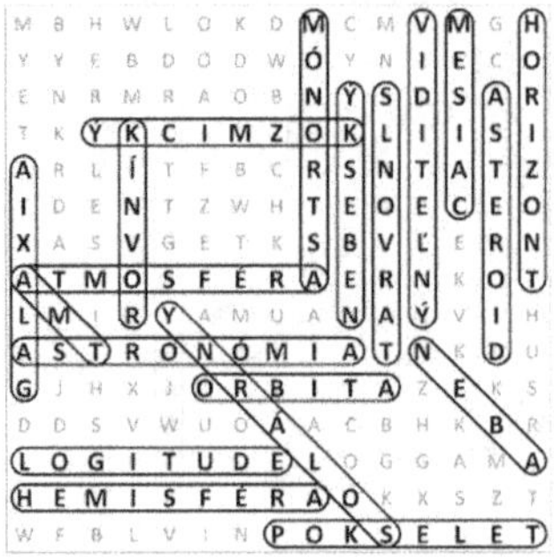

87 - Géographie

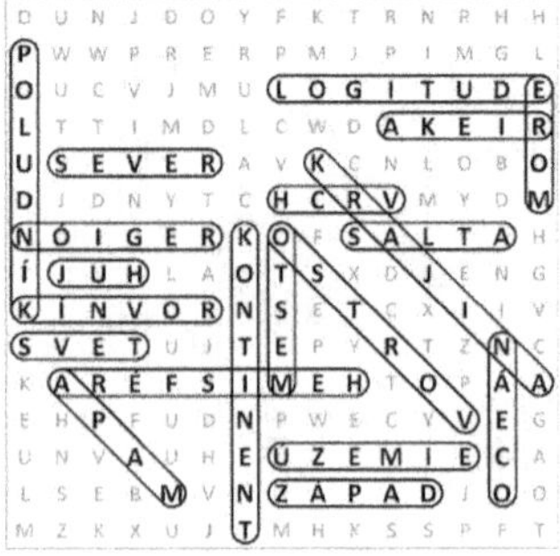

88 - Bâtiments

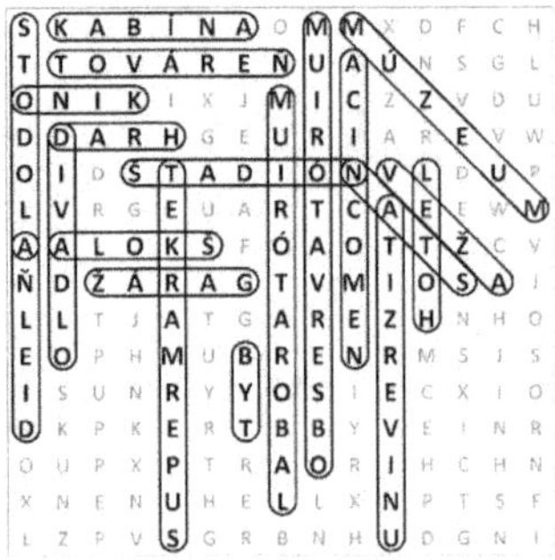

89 - Activités et Loisirs

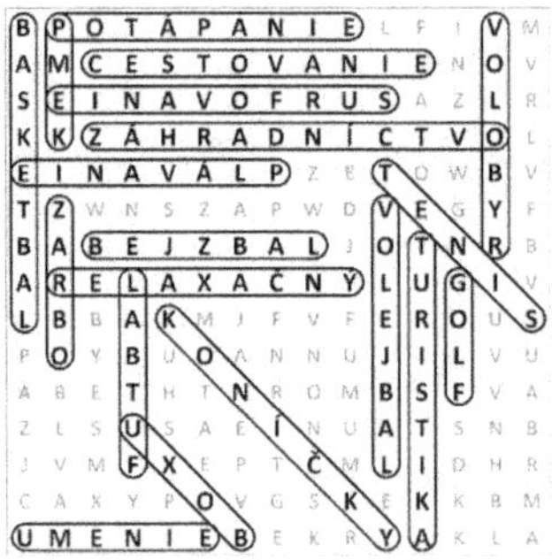

90 - Livres

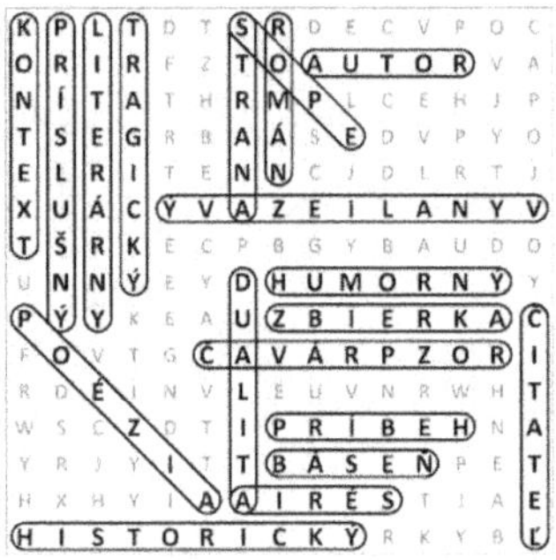

91 - Pays #2

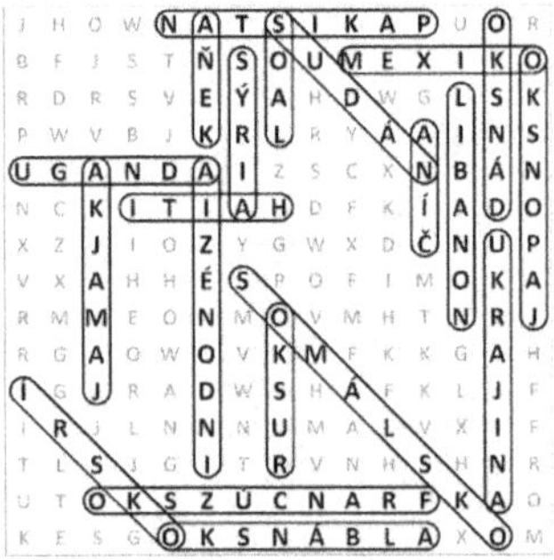

92 - Fournitures d'Art

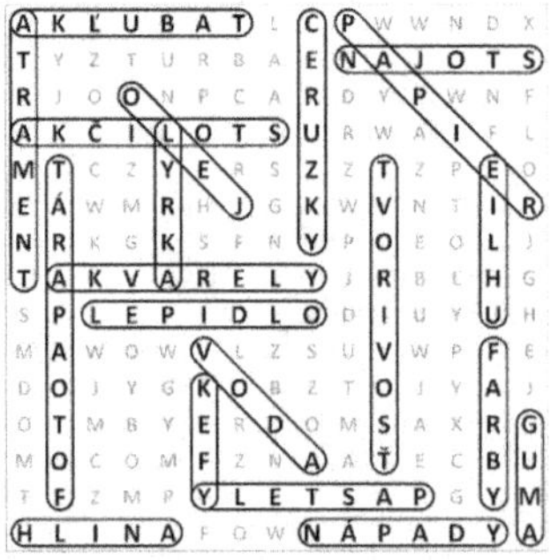

93 - Jazz

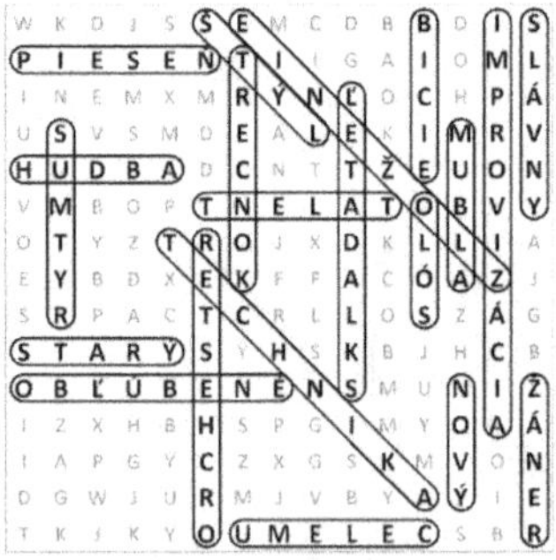

94 - Paysages

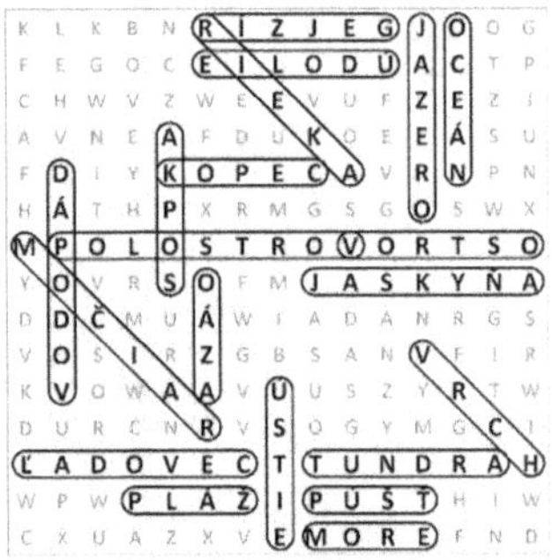

95 - Pays #1

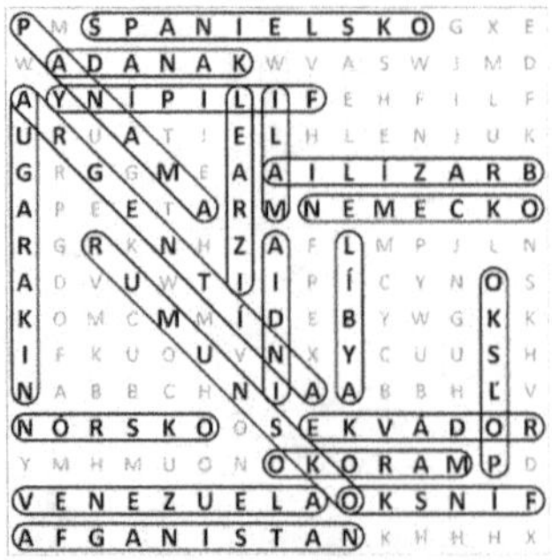

96 - Nombres

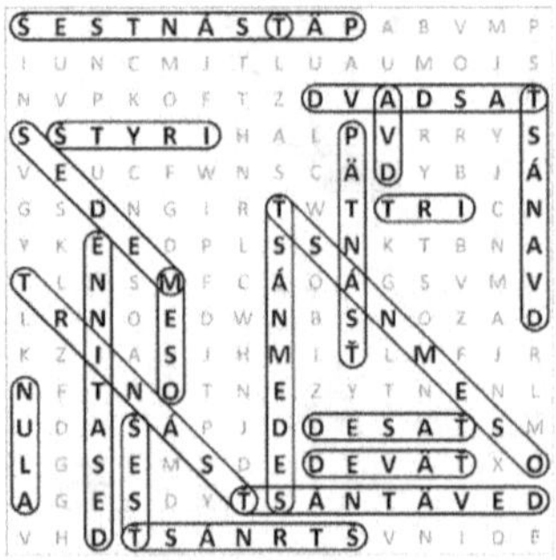

97 - Psychologie

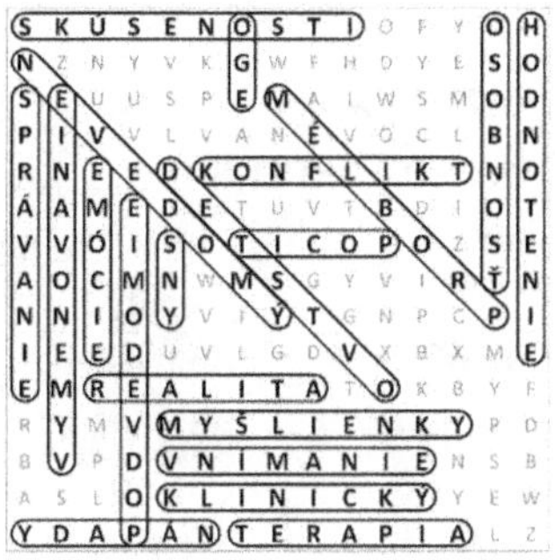

98 - Nature

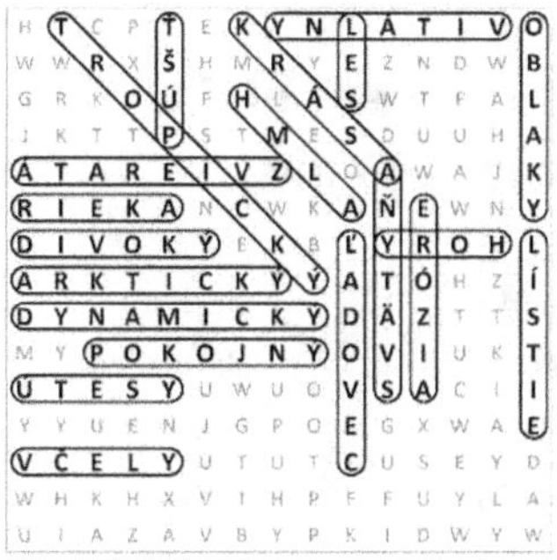

99 - Chimie

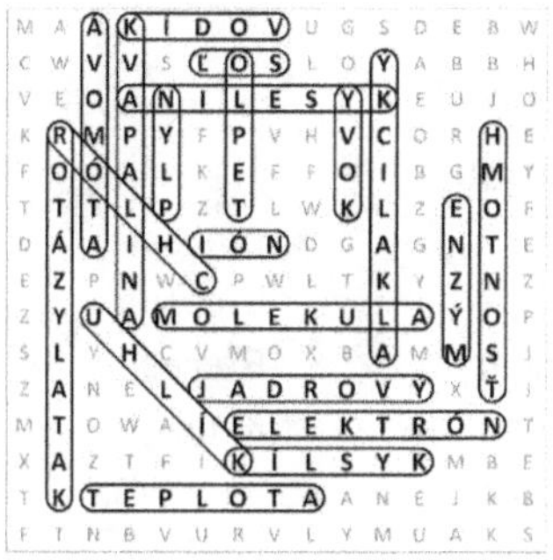

100 - Bateaux

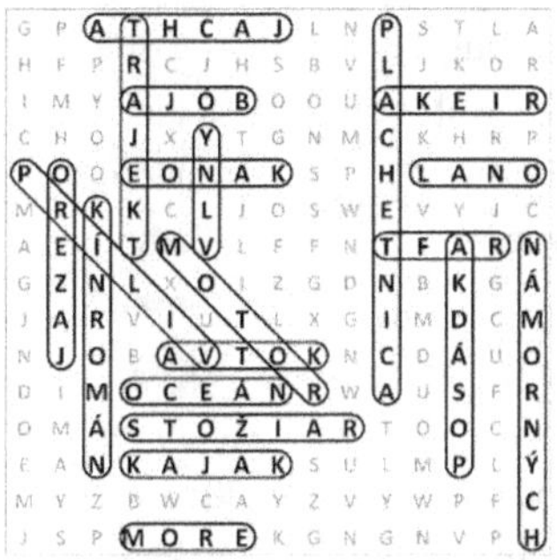

Dictionnaire

Activités
Činnosti

Activité	Činnosť
Art	Umenie
Artisanat	Remeslá
Camping	Kemp
Céramique	Keramika
Chasse	Lov
Compétence	Zručnosť
Couture	Šitie
Danse	Tanec
Intérêts	Záujmy
Jardinage	Záhradníctvo
Jeux	Hry
Lecture	Čítanie
Loisir	Voľný Čas
Magie	Kúzlo
Peinture	Obraz
Pêche	Rybolov
Plaisir	Potešenie
Randonnée	Turistika
Relaxation	Relaxácia

Activités et Loisirs
Aktivity a Voľný Čas

Art	Umenie
Base-Ball	Bejzbal
Basket-Ball	Basketbal
Boxe	Boxu
Camping	Kemp
Football	Futbal
Golf	Golf
Jardinage	Záhradníctvo
Nager	Plávanie
Passe-Temps	Koníčky
Peinture	Obraz
Pêche	Rybolov
Plongée	Potápanie
Randonnée	Turistika
Relaxant	Relaxačný
Surf	Surfovanie
Tennis	Tenis
Volley-Ball	Volejbal
Voyage	Cestovanie

Adjectifs #1
Prídavné Mená #1

Absolu	Absolútny
Actif	Aktívny
Ambitieux	Ambiciózny
Aromatique	Aromatický
Artistique	Umelecký
Attractif	Atraktívny
Beau	Krásny
Exotique	Exotický
Énorme	Obrovský
Généreux	Štedrý
Honnête	Úprimný
Identique	Totožný
Important	Dôležitý
Innocent	Nevinný
Jeune	Mladý
Lent	Pomalý
Lourd	Ťažký
Mince	Tenký
Moderne	Moderný
Parfait	Dokonalý

Adjectifs #2
Prídavné Mená #2

Authentique	Autentický
Célèbre	Slávny
Créatif	Kreatívny
Descriptif	Popisný
Doué	Nadaný
Dramatique	Dramatický
Élégant	Elegantný
Fier	Hrdý
Fort	Silný
Intéressant	Zaujímavý
Naturel	Prirodzený
Nouveau	Nový
Productif	Produktívny
Puissant	Mocný
Pur	Čistý
Responsable	Zodpovedný
Sain	Zdravý
Salé	Slaný
Sauvage	Divoký
Sec	Suchý

Agronomie
Agronómia

Croissance	Rast
Eau	Voda
Engrais	Hnojivo
Environnement	Prostredie
Écologie	Ekológia
Énergie	Energia
Érosion	Erózia
Étude	Študovať
Graines	Semená
Identification	Identifikácia
Légumes	Zelenina
Maladies	Choroby
Nourriture	Jedlo
Pollution	Znečistenie
Production	Výroba
Recherche	Výskum
Rural	Vidiecky
Science	Veda
Sol	Pôda
Systèmes	Systémy

Algèbre
Algebra

Diagramme	Diagram
Exposant	Exponent
Équation	Rovnice
Facteur	Faktor
Faux	Falošný
Formule	Vzorec
Fraction	Zlomok
Graphique	Graf
Infini	Nekonečný
Linéaire	Lineárny
Matrice	Matica
Nombre	Číslo
Parenthèse	Zátvorka
Problème	Problém
Quantité	Množstvo
Simplifier	Zjednodušiť
Solution	Riešenie
Soustraction	Odčítanie
Variable	Premenný
Zéro	Nula

Antarctique
Antarktída

Baie	Záliv
Baleines	Veľryby
Chercheur	Výskumník
Conservation	Ochrana
Continent	Kontinent
Eau	Voda
Environnement	Prostredie
Expédition	Expedícia
Géographie	Geografia
Glace	Ľad
Glaciers	Ľadovce
Îles	Ostrovy
Migration	Migrácia
Minéraux	Minerály
Oiseaux	Vtáky
Péninsule	Polostrov
Rocheux	Skalnatý
Scientifique	Vedecký
Température	Teplota
Topographie	Topografia

Antiquités
Starožitnosťami

Art	Umenie
Authentique	Autentický
Bijoux	Šperky
Décoratif	Dekoratívny
Enchères	Aukcia
Élégant	Elegantný
Galerie	Galéria
Inhabituel	Neobvyklý
Investissement	Investícia
Meubles	Nábytok
Peintures	Obrazy
Pièces	Mince
Prix	Cena
Qualité	Kvalita
Restauration	Obnova
Sculpture	Socha
Siècle	Storočie
Style	Štýl
Valeur	Hodnota
Vieux	Starý

Archéologie
Archeológia

Analyse	Analýza
Antiquité	Staroveku
Chercheur	Výskumník
Civilisation	Civilizácia
Descendant	Potomok
Expert	Odborník
Ère	Éra
Équipe	Tím
Évaluation	Hodnotenie
Fossile	Fosílne
Inconnu	Neznámy
Mystère	Tajomstvo
Objets	Predmet
Os	Kosti
Oublié	Zabudnutý
Poterie	Keramika
Professeur	Profesor
Relique	Relikvia
Temple	Chrám
Tombe	Hrob

Art
Umenie

Céramique	Keramický
Complexe	Komplexné
Composition	Zloženie
Créer	Vytvoriť
Dépeindre	Vykresliť
Expression	Výraz
Figure	Obrázok
Honnête	Úprimný
Humeur	Nálada
Inspiré	Inšpirovaný
Original	Pôvodný
Peintures	Obrazy
Personnel	Osobný
Poésie	Poézia
Sculpture	Socha
Simple	Jednoduchý
Sujet	Predmet
Surréalisme	Surrealizmus
Symbole	Symbol
Visuel	Vizuálny

Astronomie
Astronómia

Astéroïde	Asteroid
Astronaute	Astronaut
Astronome	Astronóm
Ciel	Neba
Constellation	Súhvezdie
Cosmos	Kozmos
Éclipse	Zatmenie
Équinoxe	Rovnodennosť
Fusée	Raketa
Galaxie	Galaxia
Lune	Mesiac
Météore	Meteor
Nébuleuse	Hmlovina
Observatoire	Observatórium
Planète	Planéta
Radiation	Žiarenie
Solaire	Solárny
Supernova	Supernova
Terre	Zem
Univers	Vesmír

Aventure
Dobrodružstvo

Activité	Činnosť
Beauté	Krása
Bravoure	Statočnosť
Chance	Šanca
Dangereux	Nebezpečný
Destination	Cieľ
Difficulté	Obtiažnosť
Enthousiasme	Nadšenie
Excursion	Exkurzia
Inhabituel	Neobvyklý
Itinéraire	Itinerár
Joie	Radosť
Nature	Povaha
Navigation	Navigácia
Nouveau	Nový
Opportunité	Príležitosť
Préparation	Príprava
Sécurité	Bezpečnosť
Surprenant	Prekvapivý
Voyages	Cestuje

Avions
Lietadlá

Air	Vzduch
Atmosphère	Atmosféra
Atterrissage	Pristátie
Aventure	Dobrodružstvo
Ballon	Balón
Carburant	Palivo
Ciel	Neba
Construction	Konštrukcia
Descente	Zostup
Direction	Smer
Équipage	Posádka
Gonfler	Nafúknuť
Hauteur	Výška
Hélices	Vrtule
Histoire	História
Hydrogène	Vodík
Moteur	Motor
Passager	Cestujúci
Pilote	Pilot
Turbulence	Turbulencia

Ballet
Baletné

Applaudissement	Potlesk
Artistique	Umelecký
Ballerine	Balerína
Chorégraphie	Choreografia
Compétence	Zručnosť
Compositeur	Skladateľ
Danseurs	Tanečníci
Expressif	Expresívny
Geste	Gesto
Gracieux	Pôvabný
Intensité	Intenzita
Muscles	Svaly
Musique	Hudba
Orchestre	Orchester
Public	Publikum
Répétition	Skúška
Rythme	Rytmus
Solo	Sólo
Style	Štýl
Technique	Technika

Barbecues
Grilovanie

Chaud	Horúci
Couteaux	Nože
Déjeuner	Obed
Dîner	Večera
Enfants	Deti
Été	Leto
Faim	Hlad
Famille	Rodina
Fruit	Ovocie
Gril	Gril
Jeux	Hry
Légumes	Zelenina
Musique	Hudba
Oignons	Cibuľa
Poivre	Paprika
Poulet	Kura
Salades	Šaláty
Sauce	Omáčka
Sel	Soľ
Tomates	Paradajky

Bateaux
Lode

Ancre	Kotva
Bouée	Bója
Canoë	Kanoe
Corde	Lano
Équipage	Posádka
Ferry	Trajekt
Fleuve	Rieka
Kayak	Kajak
Lac	Jazero
Marée	Príliv
Marin	Námorník
Mât	Stožiar
Mer	More
Moteur	Motor
Nautique	Námorných
Océan	Oceán
Radeau	Raft
Vagues	Vlny
Voilier	Plachetnica
Yacht	Jachta

Bâtiments
Budovy

Appartement	Byt
Atelier	Dielňa
Cabine	Kabína
Château	Hrad
Cinéma	Kino
École	Škola
Garage	Garáž
Grange	Stodola
Hôpital	Nemocnica
Hôtel	Hotel
Laboratoire	Laboratórium
Musée	Múzeum
Observatoire	Observatórium
Stade	Štadión
Supermarché	Supermarket
Tente	Stan
Théâtre	Divadlo
Tour	Veža
Université	Univerzita
Usine	Továreň

Beauté
Krása

Boucles	Kučery
Charme	Čaro
Ciseaux	Nožnice
Cosmétique	Kozmetika
Couleur	Farba
Élégance	Elegancia
Élégant	Elegantný
Grâce	Milosť
Huiles	Oleje
Lisse	Hladký
Maquillage	Make-Up
Mascara	Maskara
Miroir	Zrkadlo
Parfum	Vôňa
Peau	Koža
Photogénique	Fotogenický
Rouge à Lèvres	Rúž
Services	Služby
Shampooing	Šampón
Styliste	Stylista

Biologie
Biológia

Anatomie	Anatómia
Bactéries	Baktérie
Cellule	Bunka
Chromosome	Chromozóm
Collagène	Kolagén
Embryon	Embryo
Enzyme	Enzým
Évolution	Vývoj
Hormone	Hormón
Mammifère	Cicavec
Mutation	Mutácia
Naturel	Prirodzený
Nerf	Nerv
Neurone	Neurón
Osmose	Osmóza
Photosynthèse	Fotosyntéza
Protéine	Proteín
Reptile	Plaz
Symbiose	Symbióza
Synapse	Synapsia

Boxe
Boxovanie

Adversaire	Súper
Arbitre	Rozhodca
Blessures	Zranenia
Cloche	Bell
Coin	Rút
Combattant	Bojovník
Compétence	Zručnosť
Concentrer	Zamerať
Cordes	Laná
Corps	Telo
Coude	Lakeť
Coup	Kop
Épuisé	Vyčerpaný
Force	Sila
Gants	Rukavice
Menton	Brada
Poing	Päsť
Points	Body
Rapide	Rýchly
Récupération	Obnovenie

Café
Káva

Acide	Kyslý
Amer	Horký
Arôme	Aróma
Boire	Piť
Boisson	Nápoj
Caféine	Kofeín
Crème	Krém
Eau	Voda
Filtre	Filter
Lait	Mlieko
Liquide	Kvapalina
Matin	Ráno
Moudre	Mlieť
Noir	Čierny
Origine	Pôvod
Prix	Cena
Saveur	Chuť
Sucre	Cukor
Tasse	Pohár

Camping
Kempovanie

Animaux	Zvieratá
Arbres	Stromy
Aventure	Dobrodružstvo
Boussole	Kompas
Cabine	Kabína
Canoë	Kanoe
Carte	Mapa
Chapeau	Klobúk
Chasse	Lov
Corde	Lano
Équipement	Zariadenie
Feu	Oheň
Forêt	Les
Hamac	Hojdacia Sieť
Insecte	Hmyz
Lac	Jazero
Lune	Mesiac
Montagne	Vrch
Nature	Povaha
Tente	Stan

Chimie
Chémia

Acide	Kyselina
Alcalin	Alkalický
Atomique	Atómová
Carbone	Uhlík
Catalyseur	Katalyzátor
Chaleur	Teplo
Chlore	Chlór
Enzyme	Enzým
Électron	Elektrón
Gaz	Plyn
Hydrogène	Vodík
Ion	Ión
Liquide	Kvapalina
Métaux	Kovy
Molécule	Molekula
Nucléaire	Jadrový
Oxygène	Kyslík
Poids	Hmotnosť
Sel	Soľ
Température	Teplota

Chocolat
Čokoláda

Amer	Horký
Antioxydant	Antioxidant
Arôme	Aróma
Artisanal	Remeselné
Bonbon	Cukroví
Cacahuètes	Arašidy
Cacao	Kakao
Calories	Kalórie
Caramel	Karamel
Délicieux	Lahodný
Doux	Sladký
Exotique	Exotický
Favori	Obľúbený
Goût	Chuť
Ingrédient	Zložka
Noix de Coco	Kokosový
Poudre	Prášok
Qualité	Kvalita
Recette	Recept
Sucre	Cukor

Conduite
Šoférovanie

Accident	Nehoda
Camion	Nákladné Auto
Carburant	Palivo
Carte	Mapa
Freins	Brzdy
Garage	Garáž
Gaz	Plyn
Licence	Licencia
Moteur	Motor
Moto	Motocykel
Piéton	Pešej
Police	Polícia
Route	Cesta
Rue	Ulica
Sécurité	Bezpečnosť
Trafic	Doprava
Transport	Preprava
Tunnel	Tunel
Vitesse	Rýchlosť
Voiture	Auto

Corps Humain
Ľudské Telo

Bouche	Ústa
Cerveau	Mozog
Cheville	Členok
Cou	Krk
Coude	Laket'
Cœur	Srdce
Doigt	Prst
Estomac	Žalúdok
Épaule	Rameno
Genou	Koleno
Lèvres	Pery
Main	Ruka
Mâchoire	Čeľusť
Menton	Brada
Nez	Nos
Oreille	Ucho
Peau	Koža
Sang	Krv
Tête	Hlava
Visage	Tvár

Créativité
Kreativita

Artistique	Umelecký
Authenticité	Pravosť
Clarté	Jasnosť
Compétence	Zručnosť
Dramatique	Dramatický
Expression	Výraz
Émotions	Emócie
Fluidité	Plynulosť
Idées	Nápady
Image	Obrázok
Imagination	Predstavivosť
Impression	Dojem
Inspiration	Inšpirácia
Intensité	Intenzita
Intuition	Intuícia
Inventif	Vynaliezavý
Sensation	Pocit
Spontané	Spontánny
Visions	Vízie
Vitalité	Vitalita

Cuisine
Kuchyňa

Baguettes	Paličky
Bol	Miska
Bouilloire	Kanvica
Congélateur	Mraznička
Couteaux	Nože
Cruche	Džbán
Cuillères	Lyžice
Épices	Korenie
Éponge	Hubka
Four	Rúra
Fourchettes	Vidličky
Gril	Gril
Louche	Naberačka
Nourriture	Jedlo
Pot	Jar
Recette	Recept
Réfrigérateur	Chladnička
Serviette	Obrúsok
Tablier	Zástera
Tasses	Pohár

Diplomatie
Diplomacie

Ambassadeur	Veľvyslanec
Citoyens	Občania
Civique	Občiansky
Communauté	Komunita
Conflit	Konflikt
Conseiller	Poradca
Coopération	Spolupráca
Diplomatique	Diplomatický
Discussion	Diskusia
Éthique	Etika
Étranger	Zahraničný
Gouvernement	Vláda
Humanitaire	Humanitárny
Intégrité	Integrita
Justice	Spravodlivosť
Politique	Politika
Résolution	Rozhodnutie
Sécurité	Bezpečnosť
Solution	Riešenie
Traité	Zmluva

Disciplines Scientifiques
Vedecké Disciplíny

Anatomie	Anatómia
Archéologie	Archeológia
Astronomie	Astronómia
Biochimie	Biochémia
Biologie	Biológia
Botanique	Botanika
Chimie	Chémia
Écologie	Ekológia
Géologie	Geológia
Immunologie	Imunológia
Linguistique	Lingvistika
Mécanique	Mechanika
Météorologie	Meteorológia
Minéralogie	Mineralógia
Neurologie	Neurológia
Physiologie	Fyziológia
Psychologie	Psychológia
Sociologie	Sociológia
Thermodynamique	Termodynamika
Zoologie	Zoológia

Entreprise
Podnikanie

Argent	Peniaze
Boutique	Obchod
Budget	Rozpočet
Bureau	Úrad
Carrière	Kariéra
Coût	Náklady
Devise	Mena
Employeur	Zamestnávateľ
Employé	Zamestnanec
Entreprise	Spoločnosť
Économie	Ekonomika
Finance	Financie
Impôts	Dane
Investissement	Investícia
Marchandise	Tovar
Profit	Zisk
Revenu	Príjem
Transaction	Transakcia
Usine	Továreň
Vente	Predaj

Écologie
Ekológia

Bénévoles	Dobrovoľníci
Climat	Klíma
Communautés	Komunity
Diversité	Rôznorodosť
Durable	Udržateľný
Espèce	Druh
Faune	Fauna
Flore	Flóra
Global	Globálny
Habitat	Habitat
Marais	Močiar
Marin	Morský
Montagnes	Hory
Nature	Povaha
Naturel	Prirodzený
Plantes	Rastliny
Ressources	Zdroje
Sécheresse	Sucho
Survie	Prežitie
Végétation	Vegetácia

Électricité
Elektrina

Aimant	Magnet
Ampoule	Žiarovka
Batterie	Batéria
Câble	Kábel
Électricien	Elektrikár
Électrique	Elektrický
Équipement	Zariadenie
Fils	Drôty
Générateur	Generátor
Lampe	Lampa
Laser	Laser
Négatif	Negatívny
Objets	Predmet
Positif	Pozitívny
Prise	Zásuvka
Quantité	Množstvo
Réseau	Sieť
Stockage	Skladovanie
Téléphone	Telefón
Télévision	Televízia

Énergie
Energia

Batterie	Batéria
Carbone	Uhlík
Carburant	Palivo
Chaleur	Teplo
Diesel	Nafta
Entropie	Entropia
Environnement	Prostredie
Essence	Benzín
Électrique	Elektrický
Électron	Elektrón
Hydrogène	Vodík
Industrie	Priemysel
Moteur	Motor
Nucléaire	Jadrový
Photon	Fotón
Pollution	Znečistenie
Renouvelable	Obnoviteľný
Soleil	Slnko
Turbine	Turbína
Vent	Vietor

Éthique
Etický

Altruisme	Altruizmus
Bienveillant	Benevolentný
Compassion	Súcit
Coopération	Spolupráca
Dignité	Dôstojnosť
Diplomatique	Diplomatický
Gentillesse	Láskavosť
Honnêteté	Poctivosť
Humanité	Ľudstvo
Intégrité	Integrita
Optimisme	Optimizmus
Patience	Trpezlivosť
Philosophie	Filozofia
Raisonnable	Rozumný
Rationalité	Racionalita
Respectueux	Úctivý
Réalisme	Realizmus
Sagesse	Múdrosť
Tolérance	Tolerancia
Valeurs	Hodnoty

Famille
Rodinná

Ancêtre	Predok
Cousin	Bratranec
Enfance	Detstvo
Enfant	Dieťa
Enfants	Deti
Femme	Manželka
Fille	Dcéra
Frère	Brat
Grand-Mère	Babička
Grand-Père	Dedko
Mari	Manžel
Maternel	Matiek
Mère	Matka
Neveu	Synovec
Nièce	Neter
Oncle	Strýko
Paternel	Otcovské
Père	Otec
Soeur	Sestra
Tante	Teta

Ferme #1
Farma #1

Abeille	Včela
Âne	Somár
Bison	Bizón
Champ	Pole
Chat	Mačka
Cheval	Kôň
Chèvre	Koza
Chien	Pes
Clôture	Plot
Cochon	Prasa
Corbeau	Vrana
Eau	Voda
Engrais	Hnojivo
Foin	Seno
Miel	Med
Poulet	Kura
Riz	Ryža
Troupeau	Kŕdeľ
Vache	Krava
Veau	Teľa

Ferme #2
Farma # 2

Agneau	Jahňa
Agriculteur	Farmár
Animaux	Zvieratá
Berger	Pastier
Blé	Pšenica
Canard	Kačica
Fruit	Ovocie
Grange	Stodola
Irrigation	Zavlažovanie
Lait	Mlieko
Lama	Lama
Légume	Zelenina
Maïs	Kukurica
Mouton	Ovce
Nourriture	Jedlo
Orge	Jačmeň
Pré	Lúka
Ruche	Úľ
Tracteur	Traktor
Verger	Sad

Fleurs
Kvety

Bouquet	Kytica
Gardénia	Gardénia
Hibiscus	Ibištek
Jasmin	Jazmín
Jonquille	Narcis
Lavande	Levanduľa
Lilas	Orgován
Lys	Ľalia
Magnolia	Magnólia
Marguerite	Sedmokráska
Orchidée	Orchidea
Pavot	Mak
Pétale	Lístok
Pissenlit	Púpava
Pivoine	Pivonka
Plumeria	Plumeria
Rose	Ruža
Tournesol	Slnečnica
Trèfle	Ďatelina
Tulipe	Tulipán

Force et Gravité
Sila a Gravitácia

Axe	Os
Centre	Centrum
Découverte	Objav
Distance	Vzdialenosť
Dynamique	Dynamický
Expansion	Expanzia
Friction	Trenie
Impact	Vplyv
Magnétisme	Magnetizmus
Mécanique	Mechanika
Mouvement	Pohyb
Orbite	Orbita
Physique	Fyzika
Planètes	Planét
Poids	Hmotnosť
Pression	Tlak
Propriétés	Vlastnosti
Temps	Čas
Universel	Univerzálny
Vitesse	Rýchlosť

Forêt Tropicale
Dažďový Prales

Amphibiens	Obojživelníky
Botanique	Botanický
Climat	Klíma
Communauté	Komunita
Diversité	Rôznorodosť
Espèce	Druh
Indigène	Domorodý
Insectes	Hmyz
Jungle	Džungle
Mammifères	Cicavce
Mousse	Mach
Nature	Povaha
Nuage	Oblaky
Oiseaux	Vtáky
Précieux	Cenný
Préservation	Zachovanie
Refuge	Útočisko
Respect	Rešpektovať
Restauration	Obnova
Survie	Prežitie

Formes
Tvary

Arc	Oblúk
Bords	Okraje
Carré	Námestie
Cercle	Kruh
Coin	Rút
Courbe	Krivka
Cône	Kužeľ
Côté	Strana
Cube	Kocka
Cylindre	Valec
Ellipse	Elipsa
Hyperbole	Hyperbola
Ligne	Linka
Ovale	Ovál
Polygone	Mnohouholník
Prisme	Hranol
Pyramide	Pyramída
Rectangle	Obdĺžnik
Sphère	Sféra
Triangle	Trojuholník

Fournitures d'Art
Umelecké Potreby

Acrylique	Akryl
Aquarelles	Akvarely
Argile	Hlina
Brosses	Kefy
Caméra	Fotoaparát
Chaise	Stolička
Charbon	Uhlie
Chevalet	Stojan
Colle	Lepidlo
Couleurs	Farby
Crayons	Ceruzky
Créativité	Tvorivosť
Eau	Voda
Encre	Atrament
Gomme	Guma
Huile	Olej
Idées	Nápady
Papier	Papier
Pastels	Pastely
Table	Tabuľka

Fruit
Ovocie

Abricot	Marhule
Ananas	Ananás
Avocat	Avokádo
Baie	Bobule
Banane	Banán
Cerise	Čerešňa
Citron	Citrón
Figue	Figa
Framboise	Malina
Goyave	Guava
Kiwi	Kivi
Mangue	Mango
Melon	Melón
Orange	Oranžový
Papaye	Papája
Pêche	Broskyňa
Poire	Hruška
Pomme	Jablko
Prune	Slivka
Raisin	Hrozno

Géographie
Geografia

Atlas	Atlas
Carte	Mapa
Continent	Kontinent
Équateur	Rovník
Fleuve	Rieka
Hémisphère	Hemisféra
Île	Ostrov
Longitude	Logitude
Mer	More
Méridien	Poludník
Monde	Svet
Montagne	Vrch
Nord	Sever
Océan	Oceán
Ouest	Západ
Pays	Krajina
Région	Región
Sud	Juh
Territoire	Územie
Ville	Mesto

Géologie
Geológia

Acide	Kyselina
Calcium	Vápnik
Caverne	Jaskyňa
Continent	Kontinent
Corail	Koralov
Couche	Vrstva
Cristaux	Kryštály
Érosion	Erózia
Fondu	Roztavený
Fossile	Fosílne
Geyser	Gejzír
Lave	Láva
Minéraux	Minerály
Pierre	Kameň
Plateau	Plošina
Quartz	Kremeň
Sel	Soľ
Stalactite	Stalaktit
Volcan	Sopka
Zone	Zóna

Géométrie
Geometria

Angle	Uhol
Calcul	Kalkulácia
Cercle	Kruh
Courbe	Krivka
Diamètre	Priemer
Dimension	Rozmer
Équation	Rovnice
Hauteur	Výška
Logique	Logika
Masse	Hmotnosť
Médian	Medián
Nombre	Číslo
Parallèle	Paralelný
Proportion	Podiel
Segment	Segment
Surface	Povrch
Symétrie	Symetria
Théorie	Teória
Triangle	Trojuholník
Vertical	Vertikálny

Gouvernement
Vláda

Citoyenneté	Občianstvo
Civil	Občiansky
Constitution	Ústava
Démocratie	Demokracia
Discours	Reč
Discussion	Diskusia
Droits	Práva
Égalité	Rovnosť
État	Štát
Indépendance	Nezávislosť
Judiciaire	Súdny
Justice	Spravodlivosť
Liberté	Sloboda
Loi	Zákon
Monument	Pamätník
Nation	Národ
National	Národný
Paisible	Pokojný
Politique	Politika
Symbole	Symbol

Herboristerie
Bylinkárstvo

Ail	Cesnak
Aromatique	Aromatický
Basilic	Bazalka
Bénéfique	Prospešný
Culinaire	Kuchársky
Estragon	Estragón
Fenouil	Fenikel
Fleur	Kvet
Ingrédient	Zložka
Jardin	Záhrada
Lavande	Levanduľa
Marjolaine	Majorán
Menthe	Mäta
Persil	Petržlen
Qualité	Kvalita
Romarin	Rozmarín
Safran	Šafran
Saveur	Chuť
Thym	Tymian
Vert	Zelená

Ingénierie
Strojárstvo

Angle	Uhol
Axe	Os
Calcul	Kalkulácia
Construction	Konštrukcia
Diagramme	Diagram
Diamètre	Priemer
Diesel	Nafta
Distribution	Distribúcia
Énergie	Energia
Force	Sila
Leviers	Páky
Liquide	Kvapalina
Machine	Stroj
Mesure	Meranie
Moteur	Motor
Profondeur	Hĺbka
Propulsion	Pohon
Rotation	Rotácia
Stabilité	Stabilita
Structure	Štruktúra

Instruments de Musique
Hudobné Nástroje

Banjo	Banjo
Basson	Fagot
Clarinette	Klarinet
Flûte	Flauta
Gong	Gong
Guitare	Gitara
Harmonica	Harmonika
Harpe	Harfa
Hautbois	Hoboj
Mandoline	Mandolína
Marimba	Marimba
Percussion	Perkusie
Piano	Klavír
Saxophone	Saxofón
Tambour	Bubon
Tambourin	Tamburína
Trombone	Trombón
Trompette	Trúbka
Violon	Husle
Violoncelle	Violončelo

Jardin
Záhradný

Arbre	Strom
Banc	Lavička
Buisson	Ker
Clôture	Plot
Étang	Rybník
Fleur	Kvet
Garage	Garáž
Hamac	Hojdacia Sieť
Herbe	Tráva
Jardin	Záhrada
Mauvaises Herbes	Buriny
Pelle	Lopata
Pelouse	Trávnik
Râteau	Hrable
Sol	Pôda
Terrasse	Terasa
Trampoline	Trampolína
Tuyau	Hadica
Verger	Sad
Vigne	Vinič

Jardinage
Záhradníctvo

Botanique	Botanický
Bouquet	Kytica
Climat	Klíma
Comestible	Jedlé
Compost	Kompost
Eau	Voda
Espèce	Druh
Exotique	Exotický
Feuillage	Lístie
Feuille	List
Fleur	Kvet
Floral	Kvetinový
Graines	Semená
Humidité	Vlhkosť
Récipient	Kontajner
Saisonnier	Sezónny
Saleté	Špina
Sol	Pôda
Tuyau	Hadica
Verger	Sad

Jazz
Jazz

Album	Album
Artiste	Umelec
Célèbre	Slávny
Chanson	Pieseň
Compositeur	Skladateľ
Composition	Zloženie
Concert	Koncert
Favoris	Obľúbené
Genre	Žáner
Improvisation	Improvizácia
Musique	Hudba
Nouveau	Nový
Orchestre	Orchester
Rythme	Rytmus
Solo	Sólo
Style	Štýl
Talent	Talent
Tambours	Bicie
Technique	Technika
Vieux	Starý

Jours et Mois
Dni a Mesiace

Août	August
Avril	Apríl
Calendrier	Kalendár
Dimanche	Nedeľa
Février	Február
Janvier	Január
Jeudi	Štvrtok
Juillet	Júl
Juin	Jún
Lundi	Pondelok
Mardi	Utorok
Mars	Marec
Mercredi	Streda
Mois	Mesiac
Novembre	November
Octobre	Október
Samedi	Sobota
Semaine	Týždeň
Septembre	September
Vendredi	Piatok

L'Entreprise
Spoločnosť

Affaires	Podnikanie
Créatif	Kreatívny
Décision	Rozhodnutie
Emploi	Zamestnanie
Global	Globálny
Industrie	Priemysel
Innovant	Inovatívny
Investissement	Investícia
Possibilité	Možnosť
Présentation	Prezentácia
Produit	Produkt
Professionnel	Profesionálny
Progrès	Pokrok
Qualité	Kvalita
Ressources	Zdroje
Revenu	Príjmy
Réputation	Povesť
Risques	Riziká
Tendances	Trendy
Unités	Jednotky

Les Abeilles
Včely

Ailes	Krídla
Bénéfique	Prospešný
Cire	Vosk
Diversité	Rôznorodosť
Essaim	Roj
Écosystème	Ekosystém
Fleur	Kvet
Fleurs	Kvety
Fruit	Ovocie
Fumée	Dym
Habitat	Habitat
Insecte	Hmyz
Jardin	Záhrada
Miel	Med
Nourriture	Jedlo
Plantes	Rastliny
Pollen	Peľ
Reine	Kráľovná
Ruche	Úľ
Soleil	Slnko

Les Médias
Médium

Attitudes	Postoje
Commercial	Komerčný
Communication	Komunikácia
En Ligne	Online
Édition	Vydanie
Éducation	Vzdelávanie
Faits	Fakty
Financement	Financovanie
Industrie	Priemysel
Intellectuel	Intelektuálny
Journaux	Noviny
Local	Miestny
Magazines	Časopisy
Numérique	Digitálny
Opinion	Názor
Photos	Fotografie
Public	Verejnosť
Radio	Rádio
Réseau	Sieť
Télévision	Televízia

Légumes
Zelenina

Ail	Cesnak
Artichaut	Artičok
Aubergine	Baklažán
Brocoli	Brokolica
Carotte	Mrkva
Céleri	Zeler
Champignon	Huba
Citrouille	Tekvica
Concombre	Uhorka
Échalote	Šalotka
Épinard	Špenát
Gingembre	Zázvor
Navet	Kvaka
Oignon	Cibuľa
Olive	Olivový
Persil	Petržlen
Pois	Hrach
Radis	Reďkovka
Salade	Šalát
Tomate	Paradajka

Littérature
Literatúra

Analogie	Analógia
Analyse	Analýza
Anecdote	Anekdota
Auteur	Autor
Biographie	Životopis
Comparaison	Porovnanie
Conclusion	Záver
Description	Popis
Dialogue	Dialóg
Fiction	Beletria
Métaphore	Metafora
Narrateur	Rozprávač
Poème	Báseň
Poétique	Poetický
Rime	Rým
Roman	Román
Rythme	Rytmus
Style	Štýl
Thème	Téma
Tragédie	Tragédia

Livres
Knihy

Auteur	Autor
Aventure	Dobrodružstvo
Collection	Zbierka
Contexte	Kontext
Dualité	Dualita
Épique	Epos
Histoire	Príbeh
Historique	Historický
Humoristique	Humorný
Inventif	Vynaliezavý
Lecteur	Čitateľ
Littéraire	Literárny
Narrateur	Rozprávač
Page	Strana
Pertinent	Príslušný
Poème	Báseň
Poésie	Poézia
Roman	Román
Série	Séria
Tragique	Tragický

Maison
Dom

Balai	Metla
Bibliothèque	Knižnica
Chambre	Izba
Cheminée	Krb
Clés	Kľúče
Clôture	Plot
Cuisine	Kuchyňa
Douche	Sprcha
Fenêtre	Okno
Garage	Garáž
Grenier	Podkrovie
Jardin	Záhrada
Lampe	Lampa
Miroir	Zrkadlo
Mur	Stena
Plafond	Strop
Porte	Dvere
Rideaux	Záclony
Tapis	Koberec
Toit	Strecha

Maladie
Choroba

Abdominal	Brušný
Allergies	Alergie
Bien-Être	Wellness
Chronique	Chronický
Contagieux	Nákazlivý
Corps	Telo
Cœur	Srdce
Faible	Slabý
Génétique	Genetický
Héréditaire	Dedičný
Immunité	Imunita
Inflammation	Zápal
Lombaire	Bedrovej
Neuropathie	Neuropatia
Os	Kosti
Pulmonaire	Pľúcny
Respiratoire	Dýchací
Santé	Zdravie
Syndrome	Syndróm
Thérapie	Terapia

Mammifères
Cicavcov

Baleine	Veľryba
Chat	Mačka
Cheval	Kôň
Chien	Pes
Coyote	Kojot
Dauphin	Delfín
Éléphant	Slon
Girafe	Žirafa
Gorille	Gorila
Kangourou	Klokan
Lapin	Králik
Lion	Lev
Loup	Vlk
Mouton	Ovce
Ours	Medveď
Renard	Líška
Singe	Opica
Taureau	Býk
Tigre	Tiger
Zèbre	Zebra

Mathématiques
Matematika

Angles	Uhly
Arithmétique	Aritmetika
Carré	Námestie
Circonférence	Obvod
Décimal	Desatinné
Diamètre	Priemer
Exposant	Exponent
Équation	Rovnice
Fraction	Zlomok
Géométrie	Geometria
Parallèle	Paralelný
Parallélogramme	Rovnobežník
Perpendiculaire	Kolmý
Polygone	Mnohouholník
Rayon	Polomer
Rectangle	Obdĺžnik
Somme	Súčet
Sphère	Sféra
Symétrie	Symetria
Triangle	Trojuholník

Méditation
Meditácia

Acceptation	Prijatie
Attention	Pozornosť
Calme	Pokojný
Clarté	Jasnosť
Compassion	Súcit
Esprit	Myseľ
Émotions	Emócie
Éveillé	Prebudiť
Gentillesse	Láskavosť
Gratitude	Vďačnosť
Habitudes	Návyky
Mental	Mentálny
Mouvement	Pohyb
Musique	Hudba
Nature	Povaha
Observation	Pozorovanie
Paix	Mier
Perspective	Perspektíva
Respiration	Dýchanie
Silence	Ticho

Météo
Počasie

Arc-En-Ciel	Dúha
Atmosphère	Atmosféra
Brise	Vánok
Brouillard	Hmla
Calme	Pokojný
Ciel	Neba
Climat	Klíma
Glace	Ľad
Mousson	Monzún
Nuage	Mrak
Ouragan	Hurikán
Polaire	Polárny
Sec	Suchý
Sécheresse	Sucho
Température	Teplota
Tempête	Búrka
Tonnerre	Hrom
Tornade	Tornádo
Tropical	Tropický
Vent	Vietor

Musique
Hudba

Album	Album
Ballade	Balada
Chanter	Spievať
Chanteur	Spevák
Classique	Klasický
Enregistrement	Nahrávanie
Harmonie	Súlad
Harmonique	Harmonický
Improviser	Improvizovať
Instrument	Nástroj
Lyrique	Lyrický
Mélodie	Melódia
Microphone	Mikrofón
Musical	Muzikál
Musicien	Hudobník
Opéra	Opera
Poétique	Poetický
Rythme	Rytmus
Rythmique	Rytmický
Tempo	Tempo

Mythologie
Mytológia

Archétype	Archetyp
Catastrophe	Katastrofa
Comportement	Správanie
Création	Tvorba
Créature	Tvor
Croyances	Presvedčenie
Culture	Kultúra
Éclair	Blesk
Force	Sila
Guerrier	Bojovník
Héroïne	Hrdinka
Héros	Hrdina
Immortalité	Nesmrteľnosť
Jalousie	Žiarlivosť
Labyrinthe	Labyrint
Légende	Legenda
Monstre	Príšera
Mortel	Smrteľný
Tonnerre	Hrom
Vengeance	Pomsta

Nature
Príroda

Abeilles	Včely
Animaux	Zvieratá
Arctique	Arktický
Beauté	Krása
Brouillard	Hmla
Désert	Púšť
Dynamique	Dynamický
Érosion	Erózia
Falaises	Útesy
Feuillage	Lístie
Fleuve	Rieka
Forêt	Les
Glacier	Ľadovec
Montagnes	Hory
Nuage	Oblaky
Sanctuaire	Svätyňa
Sauvage	Divoký
Serein	Pokojný
Tropical	Tropický
Vital	Vitálny

Nombres
Čísla

Cinq	Päť
Deux	Dva
Décimal	Desatinné
Dix	Desať
Dix-Huit	Osemnásť
Dix-Neuf	Devätnásť
Dix-Sept	Sedemnásť
Douze	Dvanásť
Huit	Osem
Neuf	Deväť
Quatorze	Štrnásť
Quatre	Štyri
Quinze	Pätnásť
Seize	Šestnásť
Sept	Sedem
Six	Šesť
Treize	Trinásť
Trois	Tri
Vingt	Dvadsať
Zéro	Nula

Nourriture #1
Jedlo #1

Ail	Cesnak
Basilic	Bazalka
Café	Káva
Cannelle	Škorica
Carotte	Mrkva
Citron	Citrón
Épinard	Špenát
Fraise	Jahoda
Jus	Šťava
Lait	Mlieko
Navet	Kvaka
Oignon	Cibuľa
Orge	Jačmeň
Poire	Hruška
Salade	Šalát
Sel	Soľ
Soupe	Polievka
Sucre	Cukor
Thon	Tuniak
Viande	Mäso

Nourriture #2
Jedlo #2

Amande	Mandle
Aubergine	Baklažán
Banane	Banán
Blé	Pšenica
Brocoli	Brokolica
Cerise	Čerešňa
Céleri	Zeler
Champignon	Huba
Chocolat	Čokoláda
Jambon	Šunka
Kiwi	Kivi
Mangue	Mango
Oeuf	Vajec
Pain	Chlieb
Poisson	Ryby
Pomme	Jablko
Poulet	Kura
Raisin	Hrozno
Riz	Ryža
Tomate	Paradajka

Nutrition
Výživa

Amer	Horký
Appétit	Chuť
Calories	Kalórie
Comestible	Jedlé
Diète	Diéta
Digestion	Trávenie
Épices	Korenie
Équilibré	Vyvážený
Fermentation	Kvasenie
Glucides	Sacharidy
Ingrédients	Ingrediencie
Liquides	Tekutiny
Poids	Hmotnosť
Protéines	Bielkoviny
Qualité	Kvalita
Sain	Zdravý
Santé	Zdravie
Sauce	Omáčka
Toxine	Toxín
Vitamine	Vitamín

Océan
Oceán

Anguille	Úhor
Baleine	Veľryba
Bateau	Loď
Corail	Koralov
Crabe	Krab
Crevette	Krevety
Dauphin	Delfín
Éponge	Hubka
Huître	Ustrice
Marées	Príliv
Méduse	Medúza
Poisson	Ryby
Poulpe	Chobotnica
Requin	Žralok
Récif	Útes
Sel	Soľ
Tempête	Búrka
Thon	Tuniak
Tortue	Korytnačka
Vagues	Vlny

Oiseaux
Vtákov

Aigle	Orol
Autruche	Pštros
Canard	Kačica
Cigogne	Bocian
Colombe	Holubica
Corbeau	Vrana
Coucou	Kukučka
Cygne	Labuť
Héron	Volavka
Manchot	Tučniak
Moineau	Vrabec
Mouette	Čajka
Oeuf	Vajec
Oie	Hus
Paon	Páv
Perroquet	Papagáj
Pélican	Pelikán
Pigeon	Holub
Poulet	Kura
Toucan	Tukan

Pays #1
Krajiny #1

Afghanistan	Afganistan
Allemagne	Nemecko
Argentine	Argentína
Brésil	Brazília
Canada	Kanada
Espagne	Španielsko
Équateur	Ekvádor
Finlande	Fínsko
Inde	India
Israël	Izrael
Libye	Líbya
Mali	Mali
Maroc	Maroko
Nicaragua	Nikaragua
Norvège	Nórsko
Panama	Panama
Philippines	Filipíny
Pologne	Poľsko
Roumanie	Rumunsko
Venezuela	Venezuela

Pays #2
Krajiny #2

Albanie	Albánsko
Chine	Čína
Danemark	Dánsko
France	Francúzsko
Haïti	Haiti
Indonésie	Indonézia
Irlande	Írsko
Jamaïque	Jamajka
Japon	Japonsko
Kenya	Keňa
Laos	Laos
Liban	Libanon
Mexique	Mexiko
Ouganda	Uganda
Pakistan	Pakistan
Russie	Rusko
Somalie	Somálsko
Soudan	Sudán
Syrie	Sýria
Ukraine	Ukrajina

Paysages
Krajinky

Cascade	Vodopád
Colline	Kopec
Désert	Púšť
Estuaire	Ústie
Fleuve	Rieka
Geyser	Gejzír
Grotte	Jaskyňa
Iceberg	Ľadovec
Île	Ostrov
Lac	Jazero
Marais	Močiar
Mer	More
Montagne	Vrch
Oasis	Oáza
Océan	Oceán
Péninsule	Polostrov
Plage	Pláž
Toundra	Tundra
Vallée	Údolie
Volcan	Sopka

Philanthropie
Filantropia

Besoin	Potrebovať
Buts	Ciele
Charité	Charita
Communauté	Komunita
Contacts	Kontakty
Défis	Výzvy
Enfants	Deti
Finance	Financie
Fonds	Fondy
Gens	Ľudia
Générosité	Štedrosť
Global	Globálny
Groupes	Skupiny
Histoire	História
Honnêteté	Poctivosť
Humanité	Ľudstvo
Jeunesse	Mládež
Mission	Misia
Programmes	Programy
Public	Verejnosť

Physique
Fyzika

Accélération	Zrýchlenie
Atome	Atóm
Chaos	Chaos
Chimique	Chemický
Densité	Hustota
Électron	Elektrón
Formule	Vzorec
Fréquence	Frekvencia
Gaz	Plyn
Gravité	Gravitácia
Magnétisme	Magnetizmus
Masse	Hmotnosť
Mécanique	Mechanika
Molécule	Molekula
Moteur	Motor
Nucléaire	Jadrový
Particule	Častica
Relativité	Relativita
Universel	Univerzálny
Vitesse	Rýchlosť

Plantes
Rastliny

Arbre	Strom
Baie	Bobule
Bambou	Bambus
Botanique	Botanika
Buisson	Ker
Cactus	Kaktus
Engrais	Hnojivo
Feuillage	Lístie
Fleur	Kvet
Flore	Flóra
Forêt	Les
Haricot	Fazuľa
Herbe	Tráva
Jardin	Záhrada
Lierre	Brečtan
Mousse	Mach
Pétale	Lístok
Racine	Koreň
Tige	Stonka
Végétation	Vegetácia

Professions #1
Profesie #1

Ambassadeur	Veľvyslanec
Astronome	Astronóm
Avocat	Právnik
Banquier	Bankár
Bijoutier	Klenotník
Cartographe	Kartograf
Chasseur	Lovec
Danseur	Tanečník
Entraîneur	Tréner
Éditeur	Editor
Géologue	Geológ
Infirmière	Sestra
Médecin	Lekár
Musicien	Hudobník
Pianiste	Klavirista
Plombier	Inštalatér
Pompier	Hasič
Psychologue	Psychológ
Scientifique	Vedec
Vétérinaire	Veterinár

Professions #2
Profesie #2

Astronaute	Astronaut
Bibliothécaire	Knihovník
Biologiste	Biológ
Chercheur	Výskumník
Chirurgien	Chirurg
Dentiste	Zubár
Détective	Detektív
Enseignant	Učiteľ
Illustrateur	Ilustrátor
Ingénieur	Inžinier
Inventeur	Vynálezca
Jardinier	Záhradník
Journaliste	Novinár
Linguiste	Lingvista
Médecin	Lekár
Peintre	Maliar
Philosophe	Filozof
Photographe	Fotograf
Pilote	Pilot
Zoologiste	Zoológ

Psychologie
Psychológia

Clinique	Klinický
Comportement	Správanie
Conflit	Konflikt
Ego	Ego
Enfance	Detstvo
Expériences	Skúsenosti
Émotions	Emócie
Évaluation	Hodnotenie
Idées	Nápady
Inconscient	Nevedomý
Pensées	Myšlienky
Perception	Vnímanie
Personnalité	Osobnosť
Problème	Problém
Rendez-Vous	Vymenovanie
Réalité	Realita
Rêves	Sny
Sensation	Pocit
Subconscient	Podvedomie
Thérapie	Terapia

Randonnée
Pešia Turistika

Animaux	Zvieratá
Bottes	Čižmy
Camping	Kemp
Carte	Mapa
Climat	Klíma
Eau	Voda
Falaise	Útes
Fatigué	Unavený
Lourd	Ťažký
Météo	Počasie
Montagne	Vrch
Moustiques	Komáre
Nature	Povaha
Orientation	Orientácia
Parcs	Parky
Pierres	Kamene
Préparation	Príprava
Sauvage	Divoký
Soleil	Slnko
Sommet	Summit

Restaurant #2
Reštaurácia č. 2

Boisson	Nápoj
Chaise	Stolička
Cuillère	Lyžica
Déjeuner	Obed
Délicieux	Lahodný
Dîner	Večera
Eau	Voda
Épices	Korenie
Fourchette	Vidlica
Fruit	Ovocie
Gâteau	Torta
Glace	Ľad
Légumes	Zelenina
Nouilles	Rezance
Oeuf	Vajcia
Poisson	Ryby
Salade	Šalát
Sel	Soľ
Serveur	Čašník
Soupe	Polievka

Réchauffement Climatique
Globálne Otepľovanie

Arctique	Arktický
Attention	Pozornosť
Climat	Klíma
Crise	Kríza
Développement	Vývoj
Données	Údaje
Environnemental	Ekologický
Énergie	Energia
Futur	Budúcnosť
Gaz	Plyn
Générations	Generácie
Gouvernement	Vláda
Habitats	Biotop
Industrie	Priemysel
International	Medzinárodný
Législation	Legislatíva
Maintenant	Teraz
Populations	Populácie
Scientifique	Vedec
Températures	Teploty

Santé et Bien-Être #1
Zdravie a Wellness #1

Actif	Aktívny
Bactéries	Baktérie
Blessure	Zranenie
Clinique	Klinika
Faim	Hlad
Fracture	Zlomenina
Habitude	Zvyk
Hauteur	Výška
Hormone	Hormóny
Médecin	Lekár
Médicament	Medicína
Muscles	Svaly
Os	Kosti
Peau	Koža
Pharmacie	Lekáreň
Relaxation	Relaxácia
Réflexe	Reflex
Thérapie	Terapia
Traitement	Liečba
Virus	Vírus

Santé et Bien-Être #2
Zdravie a Wellness #2

Allergie	Alergia
Anatomie	Anatómia
Appétit	Chuť
Calorie	Kalórie
Corps	Telo
Déshydratation	Dehydratácia
Énergie	Energia
Génétique	Genetika
Hôpital	Nemocnica
Hygiène	Hygiena
Infection	Infekcia
Maladie	Choroba
Massage	Masáž
Nutrition	Výživa
Poids	Hmotnosť
Récupération	Obnovenie
Sain	Zdravý
Sang	Krv
Stress	Stres
Vitamine	Vitamín

Science
Veda

Atome	Atóm
Chimique	Chemický
Climat	Klíma
Données	Údaje
Expérience	Experiment
Évolution	Vývoj
Fait	Fakt
Fossile	Fosílne
Gravité	Gravitácia
Hypothèse	Hypotéza
Laboratoire	Laboratórium
Méthode	Metóda
Minéraux	Minerály
Molécules	Molekuly
Nature	Povaha
Observation	Pozorovanie
Organisme	Organizmus
Particules	Častice
Physique	Fyzika
Scientifique	Vedec

Science-Fiction
Science Fiction

Atomique	Atómová
Cinéma	Kino
Explosion	Výbuch
Extrême	Extrémny
Fantastique	Fantastický
Feu	Oheň
Futuriste	Futuristický
Galaxie	Galaxia
Illusion	Ilúzia
Imaginaire	Imaginárny
Livres	Knihy
Monde	Svet
Mystérieux	Tajomný
Oracle	Oracle
Planète	Planéta
Réaliste	Realistický
Robots	Roboty
Scénario	Scenár
Technologie	Technológia
Utopie	Utópia

Sport
Šport

Athlète	Športovec
Capacité	Schopnosť
Corps	Telo
Cyclisme	Cyklistika
Danse	Tanec
Diète	Diéta
Endurance	Vytrvalosť
Entraîneur	Tréner
Étirement	Strečing
Force	Sila
Jogging	Jogging
Maximiser	Maximalizovať
Métabolique	Metabolický
Muscles	Svaly
Nutrition	Výživa
Objectif	Cieľ
Os	Kosti
Programme	Program
Santé	Zdravie
Sports	Športové

Temps
Čas

Année	Rok
Annuel	Ročný
Après	Po
Avant	Pred
Bientôt	Čoskoro
Calendrier	Kalendár
Décennie	Desaťročie
Futur	Budúcnosť
Heure	Hodina
Hier	Včera
Horloge	Hodiny
Jour	Deň
Maintenant	Teraz
Matin	Ráno
Midi	Poludnie
Minute	Minúta
Mois	Mesiac
Nuit	Noc
Semaine	Týždeň
Siècle	Storočie

Types de Cheveux
Typy Vlasov

Argent	Striebro
Blanc	Biely
Blond	Blond
Boucles	Kučery
Brillant	Lesklý
Chauve	Plešatý
Coloré	Farebné
Court	Krátky
Doux	Mäkký
Épais	Hrubý
Frisé	Kučeravý
Gris	Šedá
Long	Dlhý
Marron	Hnedý
Mince	Tenký
Noir	Čierny
Ondulé	Vlnitý
Sain	Zdravý
Sec	Suchý
Tressé	Pletené

Univers
Vesmír

Astéroïde	Asteroid
Astronome	Astronóm
Astronomie	Astronómia
Atmosphère	Atmosféra
Céleste	Nebeský
Ciel	Neba
Cosmique	Kozmický
Équateur	Rovník
Galaxie	Galaxia
Hémisphère	Hemisféra
Horizon	Horizont
Longitude	Logitude
Lune	Mesiac
Obscurité	Tma
Orbite	Orbita
Solaire	Solárny
Solstice	Slnovrat
Télescope	Teleskop
Visible	Viditeľný
Zodiaque	Zverokruh

Vacances #2
Dovolenka #2

Aéroport	Letisko
Camping	Kemp
Carte	Mapa
Destination	Cieľ
Étranger	Cudzinec
Hôtel	Hotel
Île	Ostrov
Loisir	Voľný Čas
Mer	More
Passeport	Pas
Plage	Pláž
Restaurant	Reštaurácia
Réservations	Rezervácie
Taxi	Taxi
Tente	Stan
Train	Vlak
Transport	Preprava
Vacances	Dovolenka
Visa	Víza
Voyage	Cesta

Véhicules
Vozidlá

Ambulance	Ambulancie
Avion	Lietadlo
Bateau	Loď
Bus	Autobus
Camion	Nákladné Auto
Caravane	Karavána
Ferry	Trajekt
Fusée	Raketa
Hélicoptère	Vrtuľník
Métro	Metro
Moteur	Motor
Navette	Raketoplán
Pneus	Pneumatiky
Radeau	Raft
Scooter	Skúter
Sous-Marin	Ponorka
Taxi	Taxi
Tracteur	Traktor
Vélo	Bicykel
Voiture	Auto

Vêtements
Oblečenie

Bracelet	Náramok
Ceinture	Pás
Chapeau	Klobúk
Chaussure	Topánka
Chemise	Košeľa
Chemisier	Blúzka
Collier	Náhrdelník
Foulard	Šál
Gants	Rukavice
Jeans	Džínsy
Jupe	Sukňa
Manteau	Plášť
Mode	Móda
Pantalon	Nohavice
Pull	Sveter
Pyjama	Pyžamá
Robe	Šaty
Sandales	Sandále
Tablier	Zástera
Veste	Bunda

Ville
Mesto

Aéroport	Letisko
Banque	Banka
Bibliothèque	Knižnica
Boulangerie	Pekáreň
Cinéma	Kino
Clinique	Klinika
École	Škola
Fleuriste	Kvetinárstvo
Galerie	Galéria
Hôtel	Hotel
Librairie	Kníhkupectvo
Marché	Trh
Musée	Múzeum
Pharmacie	Lekáreň
Restaurant	Reštaurácia
Stade	Štadión
Supermarché	Supermarket
Théâtre	Divadlo
Université	Univerzita
Zoo	Zoo

Félicitations

Vous avez réussi !

Nous espérons que vous avez apprécié ce livre autant que nous avons pris plaisir à le concevoir. Nous faisons de notre mieux pour créer des livres de la meilleure qualité possible.
Cette édition est conçue pour permettre un apprentissage intelligent et de qualité en se divertissant !

Vous avez aimé ce livre ?

Une Simple Demande

Nos livres existent grâce aux avis que vous publiez. Pourriez-vous nous aider en laissant un avis maintenant ?

Voici un lien rapide qui vous mènera à votre page d'évaluation de vos commandes :

BestBooksActivity.com/Avis50

CHALLENGE FINAL !

Défi n°1

Êtes-vous prêt pour votre jeu bonus ? Nous les utilisons tout le temps mais ils ne sont pas si faciles à trouver. Voici les **Synonymes** !

Notez 5 mots que vous avez trouvés dans les puzzles notés ci-dessous (n°21, n°36, n°76) et essayez de trouver 2 synonymes pour chaque mot.

Notez 5 Mots du ***Puzzle 21***

Mots	Synonyme 1	Synonyme 2

Notez 5 Mots du ***Puzzle 36***

Mots	Synonyme 1	Synonyme 2

Notez 5 Mots du ***Puzzle 76***

Mots	Synonyme 1	Synonyme 2

Défi n°2

Maintenant que vous vous êtes échauffé, notez 5 mots que vous avez découverts dans les Puzzles n° 9, n° 17, n° 25 et essayez de trouver 2 antonymes pour chaque mot. Combien pouvez-vous en trouver en 20 minutes ?

Notez 5 Mots du ***Puzzle 9***

Mots	Antonyme 1	Antonyme 2

Notez 5 Mots du ***Puzzle 17***

Mots	Antonyme 1	Antonyme 2

Notez 5 Mots du ***Puzzle 25***

Mots	Antonyme 1	Antonyme 2

Défi n°3

Formidable ! Ce défi final  n'est rien pour vous.

Prêt pour le dernier défi ? Choisissez 10 mots que vous avez découverts parmi les différents puzzles et notez-les ci-dessous.

1.	6.
2.	7.
3.	8.
4.	9.
5.	10.

Maintenant, composez un texte en pensant à une personne, un animal ou un lieu que vous aimez !

Astuce: Vous pouvez utiliser la dernière page de ce livre comme brouillon !

Votre Composition :

CARNET DE NOTES :

À TRÈS BIENTÔT !

Toute l'équipe

www.ingramcontent.com/pod-product-compliance
Lightning Source LLC
Chambersburg PA
CBHW082209120626
46553CB00010B/3070
9798896707158